Hans-Werner Bastian

Cómo aprovechar el agua de lluvia

TIKAL
ediciones

Tikal Ediciones
Campezo 13 -28022 Madrid
Telf. 913 009 100 - Fax 913 009 118
tikal@susaeta.com

Traducción: José Luis Gil Aristu
Diseño gráfico: Sarsanedas, Azcunce & Ventura

Índice

Prólogo

Conocimientos

Materiales

Unas palabras previas

El bricolaje es una afición que hoy en día se ha convertido en una forma útil de pasar el tiempo libre. Ya se trate de una vivienda alquilada, de una finca antigua o de una casa de propiedad, con un poco de habilidad manual y la ayuda de instrucciones profesionales pueden conseguirse unos atractivos y, muchas veces, sorprendentes resultados en la realización de pequeñas reparaciones, trabajos de embellecimiento, reformas, ampliaciones y remodelaciones. Además, hacerlo uno mismo resulta divertido, proporciona satisfacción ante el trabajo propio, cuyo resultado se puede ver y «admirar» día a día, ahorra un dinero con que satisfacer deseos acariciados desde muy atrás y nos independiza de los artesanos, a quienes nos vemos obligados a esperar semanas y semanas, a veces en vano.

Las tiendas y grandes superficies especializadas en la realización de trabajos caseros y de la construcción abastecen al artesano aficionado con todo tipo de útiles y materiales necesarios. Sin embargo, el entusiasmo y los instrumentos adecuados no bastan por sí solos. Es indispensable una preparación a fondo y conocimientos especializados sobre cómo se ha de realizar un trabajo y qué se ha de tener en cuenta en su realización.

El libro de Tikal Ediciones **Cómo aprovechar el agua de lluvia** nos enseña la manera de hacerlo. Con valiosos trucos y sugerencias acreditados en la práctica en miles de ocasiones. Cada fase de la tarea se expone paso a paso con todo detalle y se explica con imágenes y textos. Un conjunto de símbolos claros muestran de una ojeada el grado de dificultad que vamos a encontrar y el gasto de esfuerzo y tiempo con que habremos de contar, qué útiles necesitaremos y cuánto dinero podremos ahorrar gracias a nuestro propio trabajo.

ÚTILES 

GRADO DE DIFICULTAD 0 1 2 3

ESFUERZO REQUERIDO 0 1 2 3

DURACIÓN DEL TRABAJO
(Por ejemplo, 4 horas/m²).

AHORRO
(Por ejemplo, 12 €/m²).

Los siguientes puntos nos permitirán situarnos correctamente:

Grado de dificultad 1: Trabajos que puede realizar incluso una persona sin práctica. Se requiere poca habilidad manual.

Grado de dificultad 2: Trabajos que exigen cierta práctica en el manejo de útiles y materiales. Se requiere una habilidad manual media.

Grado de dificultad 3: Trabajos que exigen una práctica profesional. Se requiere una habilidad superior a la media.

Esfuerzo 1: Trabajos sencillos y fáciles que puede realizar cualquiera con comodidad.

Esfuerzo 2: Trabajos que presuponen cierta fuerza física.

Esfuerzo 3: Trabajos para artesanos robustos que no se arredran ante un «tajo duro».

Ideas generales sobre el aprovechamiento del agua de lluvia

El agua es nuestro medio de vida más valioso. El despilfarro irreflexivo y la contaminación irresponsable de este principio vital indispensable hacen de él algo cada vez más preciado y caro.

Los especialistas en servicios de abastecimiento de agua calculan que el precio de venta del metro cúbico de agua potable se multiplicará por cuatro hacia el año 2000, por término medio. Hace ya tiempo que no todo el mundo dispone de una cantidad suficiente de agua potable con la calidad prescrita por la ley. Los costes técnicos exigidos por el tratamiento de las aguas freáticas y superficiales contaminadas para que adquieran la calidad de aguas potables son cada vez más elevados.

En algunas zonas el suministro de agua potable se halla siempre gravemente amenazado. Las autoridades de medio ambiente y los servicios de aguas municipales apelan, por tanto, a los ciudadanos para que economicen el agua potable, que se ha convertido en un bien escaso.

Existen numerosas posibilidades para reducir el consumo de agua en los hogares particulares sin que ello implique una pérdida de bienestar. Uno de esos medios es el de la instalación de aparatos y grifería que permitan un ahorro de agua; otro consiste en modificar el comportamiento del usuario. No es nada desdeñable que se haya reconocido que en nuestros hogares se emplean cantidades enormes de ese valioso bien que es el agua potable para fines que podrían satisfacerse también, y sin reservas, mediante el agua de lluvia.

En primer lugar debemos mencionar aquí la limpieza de los inodoros. La higiene en el uso del WC no sufre ninguna merma si, en vez de realizarse con agua cristalina, se encomienda al agua de lluvia, recogida en un aljibe. Teniendo en cuenta unas pocas limitaciones sobre las que volveremos a hablar en detalle, podemos utilizar también agua de lluvia para la lavadora y para diversas tareas de limpieza en el hogar.

La utilización de agua de lluvia para el riego no constituye ninguna novedad entre quienes disponen de un jardín. Casi todos los jardineros aficionados cuentan con un cubo para el agua de lluvia. El agua recogida en él sienta a las plantas mucho mejor que el líquido frío y, a menudo, muy calcáreo que fluye del grifo. Por no hablar de los enormes costes derivados de regar un gran jardín con agua potable. Hace tan sólo unos años, la recogida y aprovechamiento del agua de lluvia en el hogar era todavía un territorio técnico desconocido, conquistado paso a paso por las personas habilidosas y aficionadas a los trabajos caseros; hoy, sin embargo, se puede recurrir a sistemas y productos acreditados. La gama de artículos para el aprovechamiento del agua de lluvia va desde el sencillo cubo con el que se llena la regadera hasta cisternas y depósitos instalados en los sótanos, que –mediante bombas y sistemas de válvulas– suministran sin problemas a los diversos puntos de toma.

El presente libro pretende mostrar al lector qué criterios se han de seguir en la elección del sistema de aprovechamiento del agua de lluvia más apropiado para un hogar, cómo se calcula la dimensión correcta del aljibe y, finalmente, cómo se monta toda la instalación.

La siguiente ilustración esquemática ofrece una visión general del aprovechamiento del agua de lluvia: la captación del agua, un aljibe con salida de rebosamiento y entrada de agua potable y las principales posibilidades de uso.

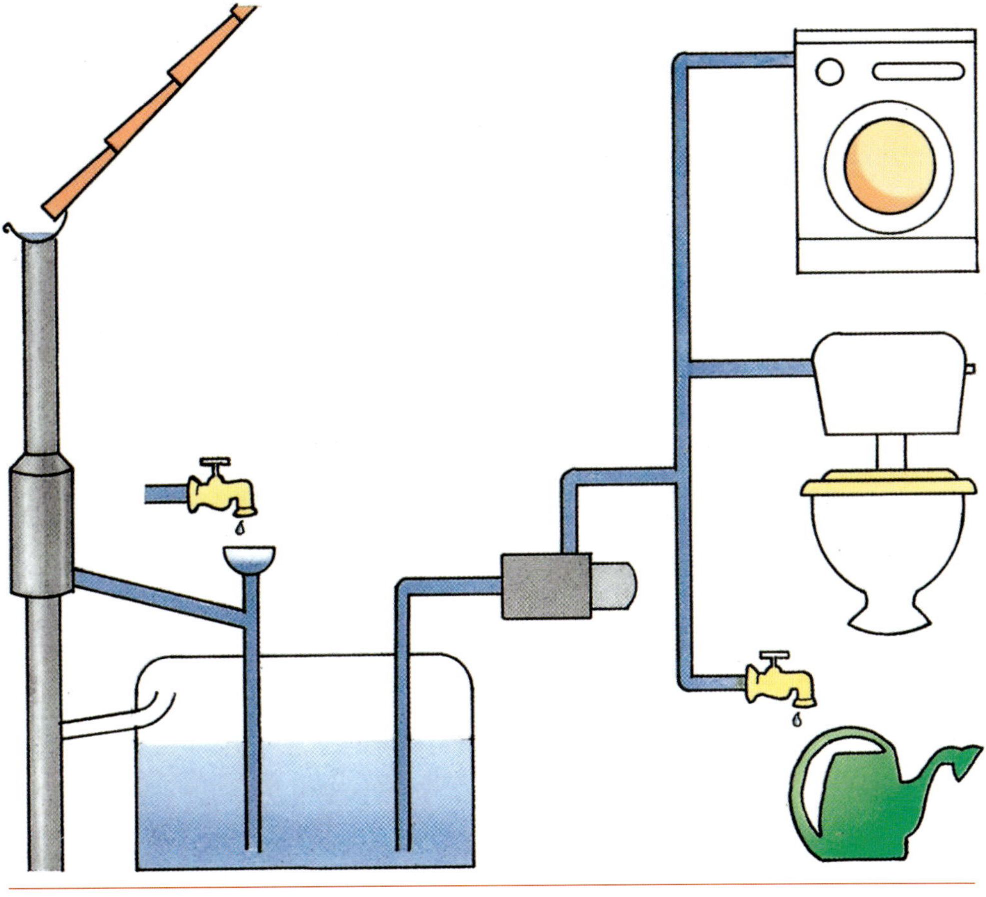

El ahorro de agua: una necesidad

La cantidad de la valiosa agua potable consumida por persona en los países desarrollados es imponente. La demanda por persona y día llega casi a los 150 litros. Entre 40 y 50 de ellos fluyen tan sólo por la taza del inodoro. Otros 50 litros corresponden al baño, ducha y aseo corporal. La lavadora se traga unos 25 litros; y el resto se emplea para beber, cocinar, limpiar, regar y otros menesteres.

El ahorro de agua permite reducir el consumo a unos 100 litros diarios.

¿Cómo se obtiene esa gigantesca cantidad de agua? En su mayor parte, de aguas de manantiales y freáticas, disponibles en cantidades considerables casi en general. Las aguas superficiales de ríos y lagos se depuran también, en parte, para obtener de ellas agua potable. Aunque viva usted en un país notablemente rico en agua debido a las precipitaciones relativamente altas, existen, no obstante, diversas razones por las que deberíamos ahorrar agua.

En algunas zonas de alta densidad de población, el consumo de agua supera con mucho la oferta natural de las capas freáticas. La situación adquiere un especial dramatismo en las regiones donde el nivel freático ha descendido considerablemente porque la filtración de precipitaciones no puede compensar ya el consumo, cada vez mayor. El suministro desde zonas alejadas puede solucionar las crisis agudas, pero, en el fondo, sólo sirve para trasladar el problema a regiones distantes.

Lo que provoca la escasez de agua potable es, además del excesivo agotamiento regional de los recursos, la progresiva contaminación del medio ambiente. El nitrato infiltrado en las aguas freáticas a causa del abuso en el abonado de los campos y viñedos ha llevado ya en zonas extensas a sellar algunos manantiales. La mezcla del agua contaminada con aportaciones de zonas «limpias» supone, una vez más, una mera desviación del problema.

Los tóxicos con que contaminamos cada día nuestros arroyos y ríos tienen, como es natural, sus correspondientes efectos en la calidad del agua potable. Las depuradoras que tratan aguas filtradas de las riberas se ven obligadas a recurrir a técnicas cada vez más costosas para cumplir con las normas de calidad exigidas.

El consumo de agua potable se puede reducir a unos 50 litros diarios mediante la utilización del agua de lluvia.

La reducción del consumo de agua potable mediante una intensificación del aprovechamiento del agua de lluvia no es sólo un medio acreditado para aliviar las carencias regionales. La captación del agua de lluvia por los particulares ha demostrado ser también de gran ayuda para las canalizaciones de nuestras ciudades y municipios, sometidas a menudo a exigencias excesivas.

En zonas deshabitadas, las precipitaciones vuelven a evaporarse en gran parte desde el suelo y a través de las plantas. Otra parte se filtra y da lugar a la formación de aguas freáticas. Sólo una pequeña porción del agua de lluvia fluye directamente por la superficie en arroyos y ríos.

Las condiciones son las contrarias en zonas densamente pobladas, cuyos suelos están cen buena medida impermeabilizados. Una parte muy considerable de las precipitaciones fluye directamente por el sistema de canalización, mientras que la evaporación es escasa, y la filtración a la capa freática, mínima. La consecuencia es una carencia de aguas subterráneas y un riesgo de inundaciones. Todos los contenedores para el agua de lluvia sirven aquí como depósitos de retención. Al dejar que el agua de rebosamiento se filtre en el jardín, se complementan las reservas de agua freática.

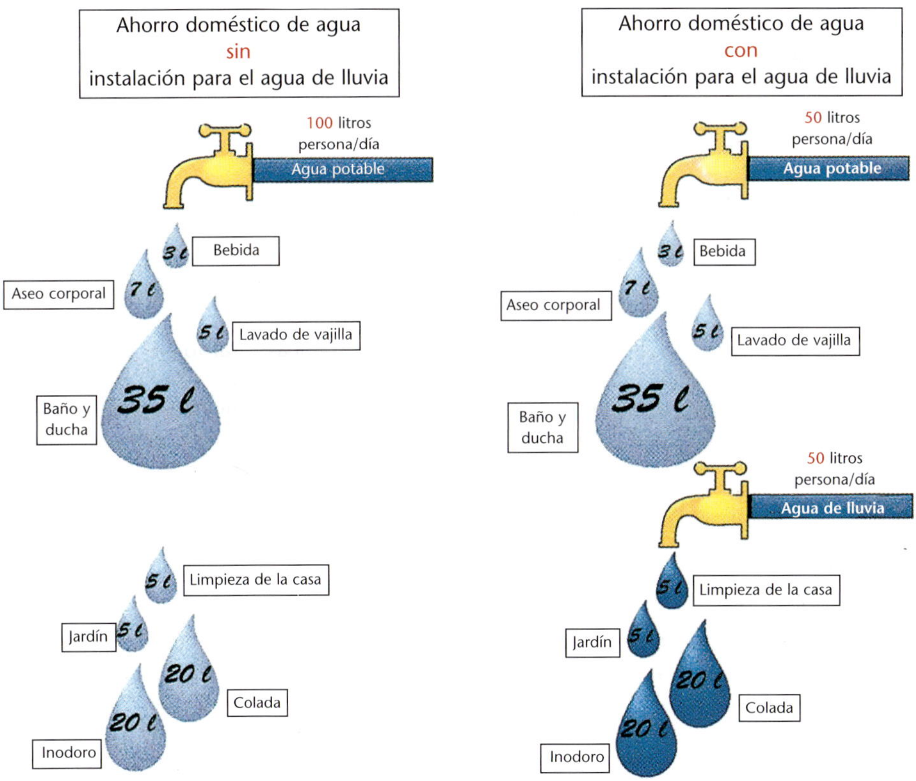

Medidas para el ahorro de agua

①

②

El ahorro de agua no es sólo beneficioso para el medio ambiente, sino que alivia, además, la economía doméstica. Los expertos calculan que se puede ahorrar un tercio del consumo diario de agua potable, que se eleva a unos 150 litros. Demos un repaso a nuestros hogares a la búsqueda de algún consumo de agua innecesario.

❶ El repaso comenzará con la reparación de los grifos que no cierren herméticamente. Las antiguas griferías de dos llaves se han de cambiar por grifos **monomando** modernos. Las técnicas de grifería anticuadas hacen que se pierdan algunos litros inutilizados antes de haber conseguido regular la temperatura deseada del agua; se trata de un despilfarro energético evitable. La palanca monomando permite seleccionar la mezcla de agua fría y caliente antes de abrir el grifo.

❷ Una arandela de reducción incorporada a los **limitadores de caudal** acoplados a los grifos permite que sólo fluya de ellos una determinada cantidad de agua. Un difusor mezcla con aire el agua saliente. De este modo se forma un chorro perfecto a pesar de ser menor la cantidad de agua corriente.

❸ Se pueden instalar **válvulas de cierre**, por ejemplo, entre el tubo flexible y la alcachofa de la ducha, con el fin de interrumpir así el flujo del agua mientras nos enjabonamos.

Las **griferías mezcladoras térmicas** mantienen constante una temperatura ya fijada mediante el control de la entrada de agua fría y caliente, haciendo así superflua la regulación de la temperatura del agua, por lo que ahorran agua y energía.

Al comprar una **lavadora** nueva o un lavavajillas deberíamos comparar con sentido crítico el consumo de agua. Los lavavajillas de bajo consumo tienen suficiente con 20 litros. Las lavadoras no deberían utilizar más de 15 litros por kilogramo de colada.

Las **cisternas de inodoro** antiguas dejan escapar hasta 14 litros de agua por cada uso. Los sistemas modernos emplean de seis a nueve litros. Es importante que la taza del inodoro pueda combinarse con un sistema económico de descarga de agua.

❹ Las **cisternas de los inodoros** se pueden equipar a menudo con dispositivos adicionales para un uso ahorrativo.

③

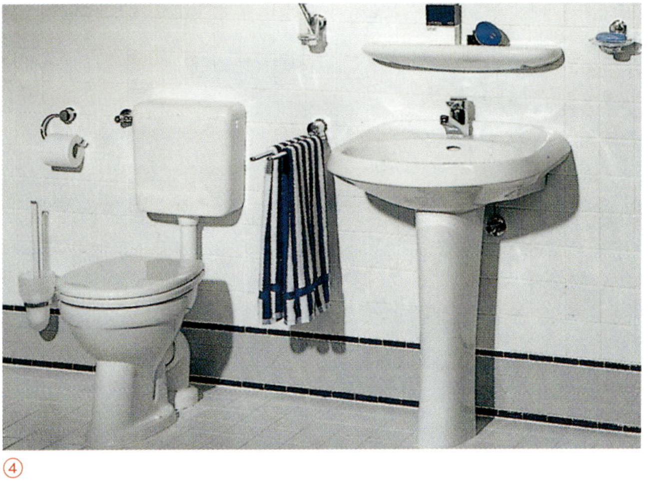

④

¿Dónde se puede utilizar el agua de lluvia?

El agua de lluvia sólo puede emplearse para sustituir a la costosa agua potable allí donde la potabilidad no sea un requisito indispensable.

Durante la caída de las precipitaciones sobre la tierra, las gotas de agua se combinan con sustancias existentes en la atmósfera. Dichas sustancias son, sobre todo, acidificantes. La expresión «lluvia ácida», hoy tan de moda, está recorriendo el mundo entero.

Cuando la lluvia cae sobre el tejado de una casa toma nuevas impurezas de las partículas acumuladas allí. Los depósitos en los tejados son especialmente importantes en las aglomeraciones urbanas y en las proximidades de polígonos industriales.

①

②

❶ A pesar de las impurezas mencionadas, el agua de lluvia se puede utilizar sin problemas en la **limpieza del inodoro.** La aplicación de filtros intermedios garantizará que el agua sea limpia a la vista y no huela mal. Los requisitos higiénicos serán mayores cuando se vaya a utilizar agua de lluvia para el lavado de la ropa. Un agua contaminada con hierro y manganeso puede teñir la ropa en algunos casos, pero es inocua desde el punto de vista de la higiene. También pueden causar problemas los colibacilos procedentes de los excrementos de aves depositados en el tejado. Esta clase de gérmenes puede permanecer en tejidos lavados a 40 grados.

❷-❸ No hay nada que objetar al empleo de **agua de lluvia en el jardín,** excepto en casos de alta contaminación por hidrocarburos aromáticos (gases de los tubos de escape) y metales pesados, que pueden darse en aglomeraciones urbanas; producen saturaciones en las verduras y constituyen un riesgo para la salud a través de la cadena alimentaria.

Para el aprovechamiento del agua de lluvia en la limpieza del inodoro y en la lavadora se utilizan por lo general sistemas con electrobombas, mientras que para su uso en el jardín se puede recurrir también a bombas de mano, las denominadas bombas manuales de balancín.

El empleo de cañerías o mangueras apropiadas permite construir para el agua de lluvia instalaciones que resultarán provechosas incluso a cierta distancia. Las bombas manuales de balancín pueden alimentarse, incluso, desde depósitos de agua alejados, si se utilizan conducciones idóneas.

③

Programas públicos de ayuda

Según hemos comentado, el suministro adecuado de agua potable a la población resulta problemático en algunas regiones. Como es natural, tales problemas constituyen cada vez más un motivo de reflexión sobre la manera de ahorrar agua. La idea de que las reservas de aguas subterráneas no son inagotables y que la explotacion de nuevos acuíferos implica casi siempre un claro incremento de los costes tiene una importancia nada desdeñable. Por eso, coincidiendo con las llamadas al ahorro de agua, el aprovechamiento del agua de lluvia es también objeto de ayudas económicas en algunas ciudades y municipios.

Un simple cubo para el agua de lluvia que recoja la de las bajantes supone una inversión más bien modesta; en cambio, el montaje de un tanque para enterrar o colocar en el sótano, junto con su correspondiente bomba y las instalaciones necesarias, asciende fácilmente a medio millón de pesetas, o más.

En la ciudad alemana de Hamburgo, por ejemplo, se aplica desde 1988 un programa de ayuda que apoya con subvenciones de hasta 1.500 € la construcción de equipos para el aprovechamiento del agua de lluvia en viviendas unifamiliares. En el caso de las viviendas de pisos, se conceden hasta 1.500 € por metro cuadrado de superficie de tejado ligada al sistema de aprovechamiento.

Deberíamos consultar, en cualquier caso, si existen también en nuestra ciudad o municipio ayudas financieras para el aprovechamiento del agua de lluvia. La procedencia del dinero es muy variada. Cualquier organismo puede ser responsable de su concesión. Las oficinas de asesoramiento al consumidor representan, a menudo, un buena ayuda. Por lo demás, los centros de información del ayuntamiento o de medio ambiente son un primer punto al que acudir.

Derecho urbanístico y normas de seguridad

Hoy día, el aprovechamiento del agua de lluvia cuenta no sólo con la aprobación expresa de la administración pública sino también con su promoción económica.

La construcción de un sistema de aprovechamiento del agua de lluvia no requiere, por lo general, un permiso sino una mera notificación. Por prudencia, es recomendable consultar a las autoridades urbanísticas locales antes de iniciar las obras.

Las bases para la instalación del montaje son las normas fijadas en la DIN 1988 «Instalaciones para la conducción de agua potable», y en la DIN 1986 «Instalaciones de desagüe» para edificios y terrenos.

Es especialmente importante la separación estricta entre las cañerías de agua potable y las de agua de lluvia. No se debe producir en ningún caso una contaminación del agua potable por infiltración de agua de lluvia. Entre ambos sistemas de conducción no deberá haber conexiones directas, que tampoco habrán de existir en las griferías.

❶-❷ Todos los puntos de toma de agua de lluvia deberán estar señalados mediante **letreros y símbolos** a fin de impedir que, por un descuido, se emplee agua de lluvia como agua potable.

Se recomienda adicionalmente colocar un letrero junto al contador de agua con la siguiente inscripción: «¡Atención! En este edificio existe una instalación para el agua de lluvia. Se han de evitar conexiones cruzadas».

❸ Es asimismo razonable asegurarse de que los niños no utilicen indebidamente los puntos de salida de agua, procurando, por ejemplo, que sólo se acceda a ellos bajo llave o mediante la utilización de grifos con llave extraíble.

Es también importante que todos los cubos, aljibes o balsas para recogida de agua de lluvia cuenten con medidas de seguridad suficientes para proteger de accidentes a los niños, por ejemplo cubriéndolos con tapaderas o rodeándolos con una cerca.

La repercusión de los sistemas de aprovechamiento del agua de lluvia en las tasas de saneamiento es objeto de vivos debates en muchas ciudades y municipios. Como las tasas de saneamiento se calculan habitualmente en función del agua potable pagada, quien aproveche el agua de lluvia obtendrá una doble ventaja, mientras que los servicios municipales de aguas resultarán perjudicados, ya que desciende el consumo. Deberemos consultar sobre los sistemas de tarifas locales.

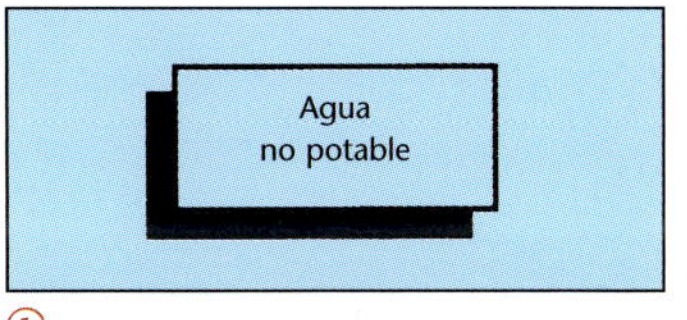

①

②

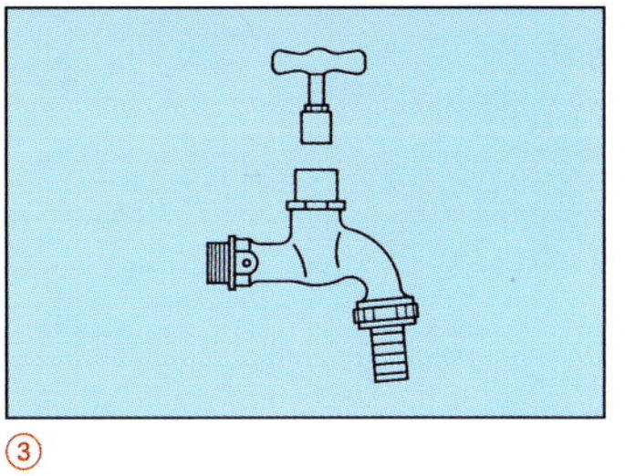

③

Contaminación e impurezas

①

La lluvia toma de la atmósfera sustancias contenidas en ella. Las finas gotas reaccionan con las sustancias nocivas presentes en el aire sintetizando impurezas.

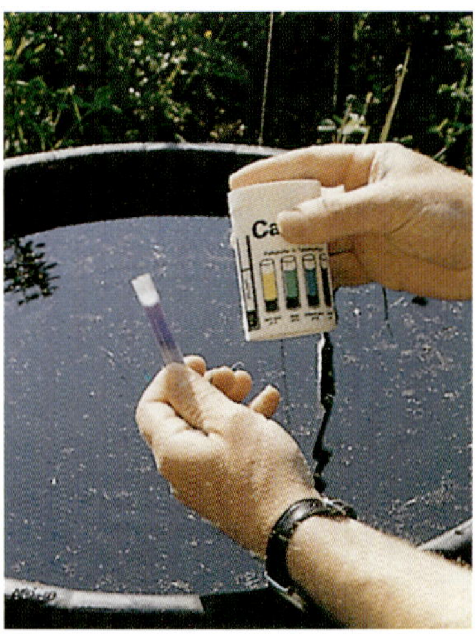

②

Los causantes de la lluvia ácida son, además del anhídrido carbónico (CO_2), tan peligroso para el clima, el dióxido de azufre (SO_2), el monóxido de nitrógeno (NO), el dióxido de nitrógeno (NO_2) y el trióxido de azufre (SO_3). Sin embargo, sólo se habla de lluvia ácida en sentido estricto cuando, a los valores normales de saturación de CO_2 se añaden en proporciones más o menos elevadas los demás agentes que la producen.

El dióxido de azufre y los óxidos nítricos son, ante todo, producto de la combustión de materias energéticas fósiles, como el carbón y el petróleo. En este capítulo se han de contar también los gases de escape de nuestros vehículos.

Las gotas de lluvia que caen desde gran altura toman un número de sustancias nocivas especialmente elevado. El tamaño de las gotas influye también en la contaminación del agua de lluvia. La concentración de impurezas aumenta en gotas de diámetro pequeño y superficie correspondientemente mayor.

1 Durante el paso de las precipitaciones por la atmósfera se observan las siguientes reacciones: el trióxido de azufre y el agua producen ácido sulfúrico (H_2SO_4); con dióxido sulfúrico y agua se forma ácido sulfuroso (H_2SO_3); el dióxido de nitrógeno y el agua forman ácido nítrico (HNO_3); y el monóxido de nitrógeno y el ácido nítrico reaccionan con la lluvia para dar ácido nitroso (HNO_2).

En casos de saturación de CO_2, el valor del pH del agua de lluvia se halla en torno a 5-6. Si se suman otros constituyentes ácidos, se alcanzarán cifras de pH en torno a 4 y, a veces, incluso inferiores. La escala de los valores del pH va de 0 (máxima reacción ácida) a 14 (máxima reacción alcalina). El punto neutro, de valor 7, se halla exactamente en el medio. El agua pura destilada presenta el valor neutro de pH 7.

❷ El pH del agua se puede medir con un indicador como los que se encuentran a la venta, por ejemplo, en las tiendas de jardinería.

❸ El cuadro muestra la escala de valores del pH para algunas sustancias típicas.

Además de las llamadas reacciones químicas, el agua de lluvia toma también del aire sustancias en suspensión. Las principales son los polvos de las instalaciones industriales y los levantados de las superficies cultivadas por erosión del suelo. En zonas con una agricultura intensiva se pueden encontrar incluso restos de pesticidas y fungicidas utilizados para combatir los parásitos.

Las impurezas citadas, que pueden contaminar el agua de lluvia, podrían producir la sensación de que el líquido recogido en los sistemas de aprovechamiento constituye un cóctel químico altamente venenoso. Pero, en realidad, según los resultados de experimentos científicos realizados, por ejemplo, en Hesse, todos los índices de contaminación quedan claramente por debajo de las ordenanzas para el agua potable. Los índices marcados legalmente para el agua potable sólo se superaron en aglomeraciones urbanas con una elevada concentración industrial en condiciones atmosféricas muy desfavorables *(smog)*.

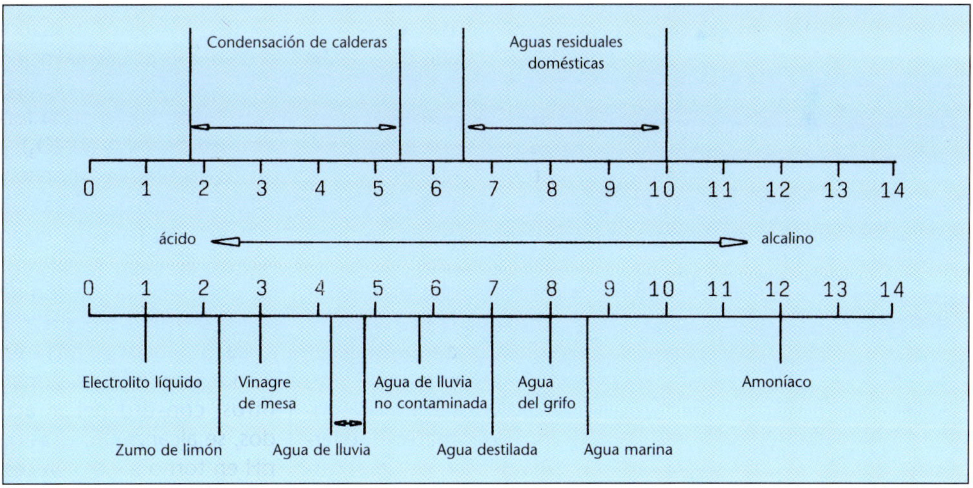

③

Influencia de los materiales de la cubierta

El tipo de cubrimiento del tejado influye directamente en la calidad del agua de lluvia recogida sobre su superficie.

①

En principio, todos los materiales para cubiertas habituales hoy en día son indicados para la recogida de agua de lluvia. Sólo se ha de tener cuidado con las antiguas cubiertas de uralita. El agua que fluye de tales tejados puede estar contaminada por peligrosas fibras de asbesto.

❶ El valor del pH del agua de lluvia se sitúa casi siempre entre 3,5 y 5,5. Los diferentes materiales de cubierta producen cierta neutralización del pH. Así, las **cubiertas bituminosas** traspasan una parte de sus materias orgánicas al agua de lluvia. De ese modo se ligan los componentes ácidos, y el agua se neutraliza.

❷ Lo mismo puede decirse de las tejas de hormigón. El carbonato cálcico y el hidróxido cálcico contenidos en el hormigón reaccionan con los acidificantes clorados, así como con el ácido sulfúrico y el ácido nítrico que pueden hallarse en el agua de lluvia, produciendo un efecto neutralizador.

En los tejados de pizarra, el valor del pH aumenta igualmente por la proporción de cal contenida en las lamas. Las cubiertas planas con una capa de gravilla tienen también efectos neutralizadores, mientras que dicha capa constituye al mismo tiempo un filtro para prevenir las impurezas.

❸ Las **tejas de arcilla** se comportan de manera completamente neutral y no se produce reacción alguna con el agua de lluvia.

Aunque la dureza del agua aumente ligeramente con la mayoría de materiales de cubierta, la recogida de las precipitaciones permite disponer, no obstante, de un agua relativamente blanda, lo cual hace innecesaria la adición de descalcificadores en la lavadora.

②

③

Requisitos de calidad en el agua de lluvia

Durante los periodos de sequía se depositan suciedades y sustancias nocivas en los tejados cuya agua se trata de captar. Estas emisiones son especialmente altas en las aglomeraciones urbanas y los alrededores de zonas industrializadas.

Por tanto, después de un periodo relativamente largo sin precipitaciones, se pueden observar concentraciones de sustancias nocivas especialmente altas en el primer flujo de agua del tejado. Así pues, en regiones fuertemente contaminadas no deberían recogerse, a ser posible, estas primeras lluvias –según la expresión con que se las conoce–, y sería preferible dejarlas correr al alcantarillado.

Si el edificio se halla inmediatamente próximo a un palomar o si su tejado se puebla de palomas urbanas en libertad, las heces de estos animales se sumarán a los depósitos de sustancias nocivas procedentes del aire. En ciertos casos puede llegar a aparecer en el canalón un animal muerto. En tales circunstancias se ha de inspeccionar y limpiar el canalón a intervalos regulares, procurando al mismo tiempo retirar hojas, inflorescencias, musgos, etc.

❶ Un filtro grueso colocado en la salida misma de la bajante permitirá que esas impurezas no se viertan en el contenedor para la recogida del agua de lluvia. Otro filtro adicional colocado en dicho contenedor podrá mejorar ese primer filtrado basto.

En el contenedor general, o colocado inmediatamente después, se instalará un nuevo dispositivo de filtrado para proteger de impurezas las bombas y grifería del sistema. Si se va a utilizar el agua de lluvia en la lavadora, es recomendable incorporar un filtro fino complementario.

Es asimismo importante comprobar a intervalos regulares el depósito de recogida y limpiarlo, llegado el caso.

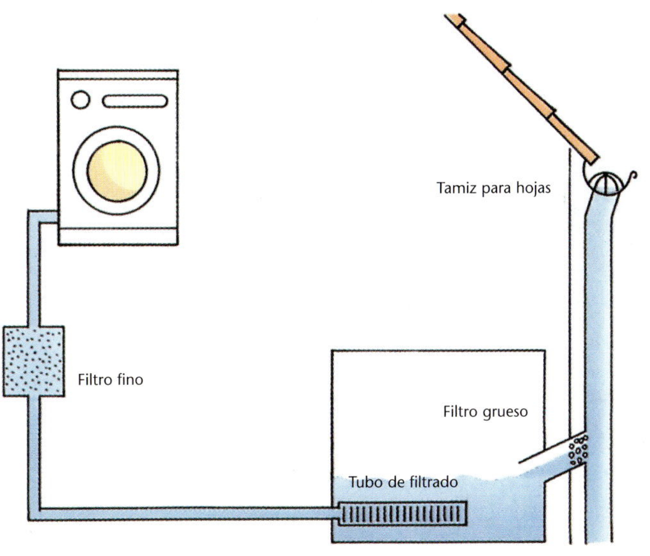

①

❷ No existen requisitos fijos de calidad establecidos por el legislador para el agua de lluvia utilizada en la casa y el jardín. Sin embargo, si se desean formular exigencias de calidad, sería razonable distinguir entre la limpieza del inodoro, el lavado de ropa y el riego del jardín.

Según hemos comentado ya, no se ha plantear ningún requisito especial al agua de descarga del inodoro. No existen problemas higiénicos, y la contaminación del agua, por ejemplo con metales pesados o sales, no tiene relevancia para la limpieza del WC. En cambio, al lavar la ropa con agua de lluvia debemos asegurarnos de no correr el riesgo de una contaminación por bacterias (por ejemplo, a través de excrementos de aves depositados en el tejado en cantidades importantes). La escasa dureza del agua permite emplear dosis de detergente muy reducidas. Resulta incluso posible utilizar copos de jabón totalmente biodegradables. No serán necesarios descalcificadores ni productos de aclarado blandos.

Una proporción elevada de hierro y manganeso en el agua de lluvia puede provocar en la colada coloraciones amarillas y manchas.

Debemos ser precavidos en casos de alta contaminación por hidrocarburos aromáticos. Esto vale también para los tejados situados junto a calles con mucha circulación. Cuando, en tales casos, se superen los índices máximos permitidos para el agua potable, no se deberá emplear agua de lluvia para lavar la ropa.

El empleo de aguas con ese tipo de contaminación en los huertos ha de estar sometido a idénticas limitaciones. Los hidrocarburos aromáticos no son degradables y llegan al cuerpo humano a través de la cadena alimentaria. Todavía es más peligrosa la contaminación por metales pesados acumulados en las plantas y que pueden alcanzar concentraciones peligrosas para la salud. En emplazamientos desfavorables (industrias, tráfico rodado, palomas sobre el tejado), el agua que fluye de la cubierta debería utilizarse sólo, según los casos, para la descarga del inodoro.

②

Demanda de agua de lluvia para la casa y el jardín

Al planificar un sistema de aprovechamiento del agua de lluvia habremos de hacernos previamente una idea general de la cantidad de agua potable que va a ser sustituida por el agua de lluvia. El punto de partida de este cómputo no debería ser, sin embargo, el consumo habitual medio, relativamente alto, sino las necesidades establecidas tras la aplicación de las medidas de ahorro ya comentadas.

Para la limpieza del inodoro se pueden calcular, en vez de los 45-50 litros originales por día, unos 20-25, que se podrán sustituir por agua de lluvia. A ellos se habrán de añadir otros 20-25 para la lavadora. La cantidad de agua requerida para el cuidado del jardín depende de muchos factores individuales y su cálculo es, por tanto, incierto. El tamaño del jardín, las condiciones del suelo y la selección de plantas determinarán la demanda de agua. Además, sólo habrá que regar en los periodos secos del verano, mientras que el resto del año no se necesitará ningún depósito para el jardín. Con todas las salvedades, se puede calcular de 5 a 10 litros por persona y día para el riego del jardín.

En resumen, la necesidades de agua de lluvia por persona y día suponen:

Vertido del inodoro	20-25 l
Lavadora	20-25 l
Jardín	5-10 l

¿De que cantidad de precipitaciones disponemos para sustituir a la valiosa agua potable?

En España existen diferentes posibilidades de recoger agua de lluvia en cantidades suficientes, según las zonas geográficas. En el norte y en las montañas centrales caen entre 600 y 1.200 mm por año y metro cuadrado. Las precipitaciones son inferiores a los 600 mm en la mayor parte de la Meseta, Andalucía y costa mediterránea en algunos lugares, en emplazamientos desfavorables como las llamadas zonas de sombra pluviométrica de las montañas. Los meses de lluvias más abundantes son los de primavera y otoño.

La cantidad de agua de lluvia que se puede recoger, realmente, depende en primer lugar de la superficie útil de tejado. Independientemente de su inclinación, sólo se podrá captar la cantidad de lluvia caída sobre las superficies con cubierta. No obstante, el agua que fluye por la bajante varía en función de la pendiente y tipo de tejado. Una proporción notable puede volver a evaporarse antes de llegar a él. Podríamos denominar coeficiente de flujo a la cantidad de agua que fluye efectivamente del tejado en relación con la cantidad de precipitaciones. Con un tejado inclinado o una cubierta plana con caída, el coeficiente de flujo se sitúa en 0,75. Esto significa que, del total de precipitaciones, sólo fluye a la canalización un 75%, y el resto se evapora. En las cubiertas planas con una capa de grava suelta, la proporción de agua evaporada es aún mayor. En las cubiertas ajardinadas, el coeficiente de flujo sigue siendo de 0,3 aproximadamente. En tales casos se evapora el 70% del agua de lluvia antes de llegar al depósito de almacenamiento.

El rendimiento de agua se puede calcular mediante un ejemplo: una vivienda familiar tiene una tejado de pizarra y una superficie de 120 m^2. En cada metro cuadrado caen 700 l de agua por año; y el coeficiente de la cubierta de pizarra es de 0,75. El aporte de agua de lluvia se calcula, por tanto, de la siguiente manera:

120 x 700 x 0,75 = 63.000 l por año; es decir, 63 m^3.

Tamaño requerido del depósito

En España, las precipitaciones varían enormemente de Norte a Sur, tanto en regularidad como en intensidad. De modo que habrá que hacer un cálculo sobre datos reales para calcular el rendimiento y las características de su instalación.

La proporción de agua potable sustituible por agua de lluvia depende, pues, ante todo, de las dimensiones del aljibe. Sin embargo, nunca deberemos elegir un depósito de tamaño tan grande que no requiera una aportación de agua potable, incluso en condiciones atmosféricas desfavorables, pues en tal caso la relación entre ahorro de agua potable y costes de instalación resultará extremadamente inconveniente.

Como la oferta de agua de lluvia y su consumo se equilibra, aproximadamente, al cabo del año (en los meses más productivos se ha de contar además con el riego del jardín), podemos decir que un aljibe que rebose a menudo poseerá un grado de eficacia inadecuado; y un aljibe que apenas requiera aportes de agua potable tendrá unas dimensiones excesivas. La capacidad correcta de almacenamiento se sitúa en algún punto medio.

DETERMINACIÓN DEL TAMAÑO DEL CONTENEDOR

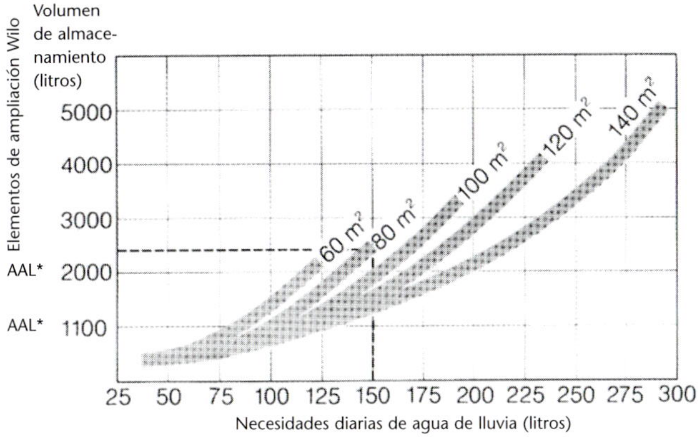

*Aprovechamiento del agua de lluvia

①

Para calcular el tamaño óptimo del depósito existen diversos métodos, descritos en la bibliografía especializada y en los prospectos de los fabricantes. Para ello necesitamos conocer, como magnitud básica, la aportación de lluvia esperada, así como la demanda media de agua de lluvia.

Si disponemos, por ejemplo, de 60 metros cuadrados de tejado, con un coeficiente de flujo de 0,75, la operación que habremos de realizar, en una región con unas precipitaciones anuales medias de 800 mm por metro cuadrado, será la siguiente:

Aportación de lluvia = 60 x 0,75 x 800 litros = 36.000 litros.

Si partimos para nuestro cálculo de una familia con tres miembros que quiere realizar con agua de lluvia la limpieza del inodoro y el riego del jardín, tendremos una necesidad diaria de unos 100 litros. Esta cifra supondrá, al cabo del año, un total de 36.500 litros. Así pues, en este ejemplo, la demanda corresponderá casi exactamente a la oferta. Mientras la demanda de agua de lluvia no supere o quede por debajo de la aportación de lluvia en más de un 20%, será recomendable una capacidad de almacenamiento correspondiente al 5% de la dicha aportación. En el caso descrito, serían 1.800 litros.

Si la demanda de agua de lluvia difiere de la oferta en más de un 20%, el tamaño del aljibe deberá equivaler únicamente al 3% de la aportación. Así se garantiza que el agua de lluvia recogida se utilice aproximadamente en un 85% y la instalación tenga un buen rendimiento.

Otro método para calcular el tamaño del depósito tiene en consideración las dimensiones de la superficie del tejado, la necesidad diaria de agua de lluvia y la frecuencia de las precipitaciones.

Las observaciones meteorológicas a largo plazo han demostrado que cada 2 o 3 semanas se producen precipitaciones que dejan entre 20 y 30 litros por metro cuadrado. Con un coeficiente de flujo de 0,75, los litros que llegan al aljibe desde el tejado de nuestro ejemplo son de 900 a 1.350. En estas circunstancias es recomendable, por tanto, una capacidad mínima de 1.350 litros para que, dada una demanda de 100 litros diarios, se puedan cubrir los 14 días secos. Pero si queremos estar prevenidos para un periodo seco de tres semanas, deberemos disponer, además del tanque de 2.100 litros, de una superficie de tejado correspondientemente mayor con el fin de volver a reponer esa cantidad en un plazo corto.

❶ Las recomendaciones de los fabricantes de sistemas completos de aprovechamiento del agua de lluvia especifican valores basados en los métodos de cálculo descritos. Así, el gráfico de la empresa Wilo muestra que, en un hogar de tres personas con unas necesidades totales de 150 litros de agua de lluvia y una superficie útil de cubierta de 80 metros cuadrados, se ha prever una capacidad de almacenamiento de 2.000 litros.

Según hemos comentado ya, el cálculo del tamaño del sistema de aprovechamiento del agua de lluvia es siempre un asunto de rentabilidad. La cuestión es la siguiente: ¿Con qué parámetros se amortiza la inversión realizada en la instalación?

En el caso de una familia de tres miembros, se puede contar con un ahorro de 30 metros cúbicos empleando agua de lluvia para el inodoro. Si se le suma la lavadora, se alcanza una cantidad de aproximadamente el doble. Calculando un precio de 510 pesetas por metro cúbico, resulta un ahorro anual de 15.300 y 30.600 en cada caso, frente a una inversión situada entre las 340.000 y las 850.000 pesetas según el tipo de instalación y el grado de intervención personal. En el mejor de los casos, el tiempo de amortización es, según eso, de 11 años escasos. En este cálculo no se ha tenido en cuenta el rendimiento del capital invertido. En el caso más desfavorable, el tiempo de amortización se eleva a 50 años. Un encarecimiento sustancial del agua potable puede, no obstante, modificar claramente la situación.

Los costes totales pueden reducirse notablemente mediante el trabajo propio. Muchos sistemas de menores dimensiones y más sencillos, como los depósitos de recogida instalados en el jardín, inciden claramente de manera más favorable en el cómputo total. Las subvenciones públicas pueden tener efectos muy beneficiosos sobre los planes de amortizacíon. Las aportaciones de organismos gubernamentales o municipales pueden suponer hasta un 30% y reducen, por tanto, de forma clara el periodo de amortización.

La idea de que el aprovechamiento del agua de lluvia constituye una importante contribución a la protección del medio ambiente y es, en definitiva, una inversión para el futuro que no habríamos de contemplar siempre desde una perspectiva economicista, debería tener una importancia no desdeñable.

Comparación entre sistemas de instalación

①

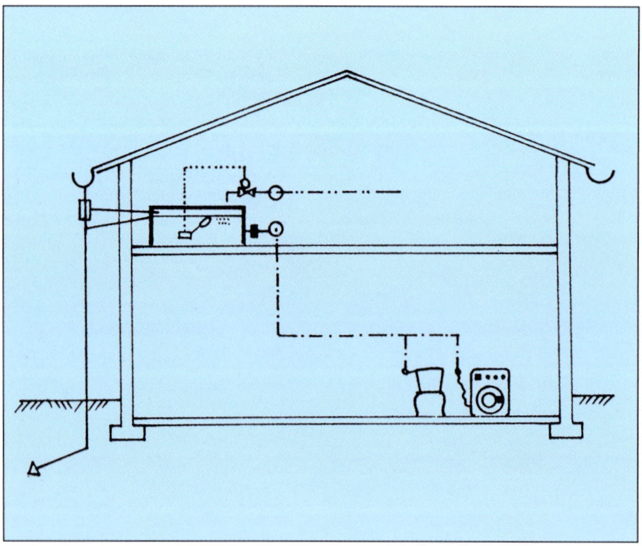

②

La elección del sistema de aprovechamiento del agua de lluvia depende de muchos factores, como las circunstancias locales, la posibilidades de utilización y, en buena medida, la correspondiente relación entre costes y aprovechamiento.

En principio, se ha de tener en cuenta que los distintos sistemas pueden también combinarse entre sí. En este sentido, no es necesario recurrir a aljibes exteriores para un uso predominantemente exterior, y a depósitos interiores para instalaciones de interior.

❶ El sistema más sencillo de aprovechamiento del agua de lluvia es, seguramente, el del *cubo de recogida* conectado con la bajante que viene del tejado. El agua acumulada en él se utilizará seguidamente para regar las plantas del jardín y de interior. Para aumentar la capacidad de almacenamiento, que suele ser casi siempre de 200 litros, se puede montar una batería uniendo varios cubos mediante tubos de conexión. En invierno, los cubos para la lluvia deberán vaciarse debido al riesgo de congelación.

Se puede conseguir un almacenamiento exterior a salvo de heladas mediante depósitos subterráneos, por ejemplo con cisternas o tanques de plástico para enterrar.

Los aljibes externos subterráneos se pueden combinar con electrobombas o con bombas manuales, que son, además, aplicables para uso interior, sobre todo porque en el exterior se puede disponer de una mayor superficie útil.

❷ Si quiere utilizar el agua de lluvia recogida no sólo para el jardín, sino también en el hogar, para el inodoro y la lavadora, se puede recurrir en primer lugar a una instalación que funcione por **la ley de la gravedad.** En tal caso, encauzaremos el agua de lluvia hacia un contenedor situado en un nivel superior al del lugar de la toma, por ejemplo en el desván. En este tipo de instalación es necesario el empleo de una bomba. Inconvenientes del

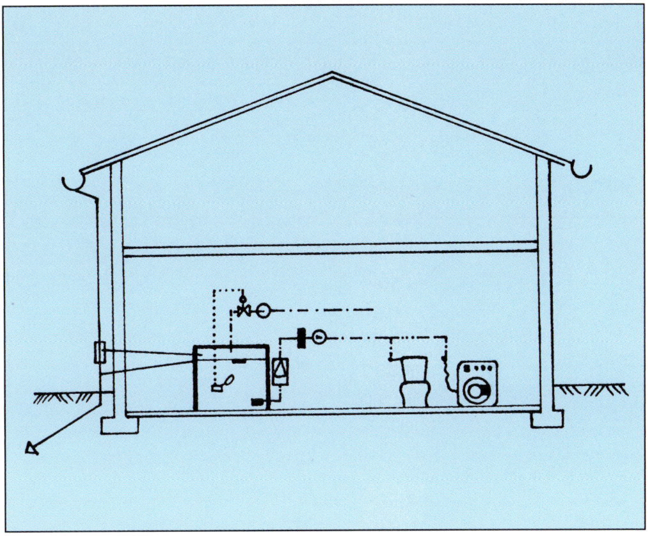

③

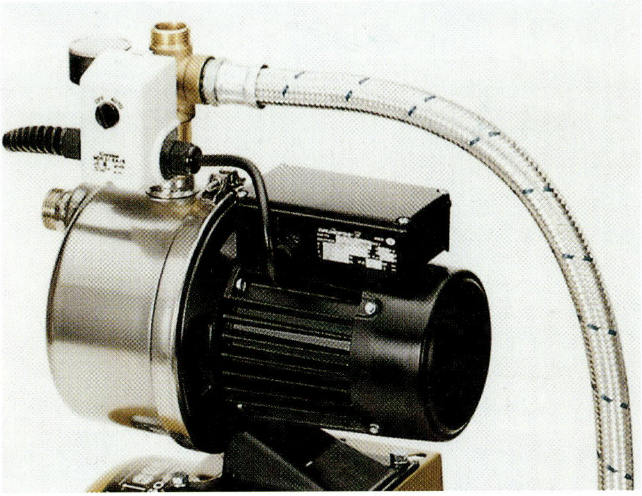

④

sistema: no todas las lavadoras y descargas de agua en inodoros funcionan sin problemas cuando el agua llega con escasa presión; además, la capacidad de almacenamiento del tanque del desván está sometida a limitaciones por razones de estática.

❸-❹ El sistema más universal para suministrar agua de lluvia a las puntos de toma del hogar consiste en combinar el aljibe con una **bomba**. En tal caso se puede elegir arbitrariamente la localización del tanque para el agua, que podrá hallarse en en el sótano de la casa, pero también fuera del edificio. La bomba instalada genera una presión de 3-6 bares en las cañerías. Con ella pueden accionarse sin problemas todas las griferías y aparatos de consumo habituales.

Es cierto que la bomba pude ser un factor de perturbación en el sistema; sin embargo, los aparatos que se hallan actualmente en el mercado se caracterizan por su robustez y larga vida. El consumo de energía eléctrica es también satisfactoriamente escaso y se puede casi pasar por alto al realizar un cálculo económico de la instalación.

La aplicación de una bomba permite, además, suministrar a varias unidades de vivienda, lo cual reduce proporcionalmente los costes de la inversión. Todos los sistemas de aprovechamiento de agua de lluvia ofrecidos en bloque son instalaciones con bomba.

❺ Como tercer sistema de montaje habremos de mencionar la **instalación mixta,** en la que el principio de la gravedad se combina con una electrobomba. El aljibe propiamente dicho, del tamaño que se quiera, se puede colocar en cualquier lugar apropiado, al igual que en la instalación con bomba. En el punto más elevado del edificio se instalará a continuación un segundo contenedor más pequeño, que se rellenará cuando sea necesario mediante una bomba desde el gran tanque de suministro. El agua

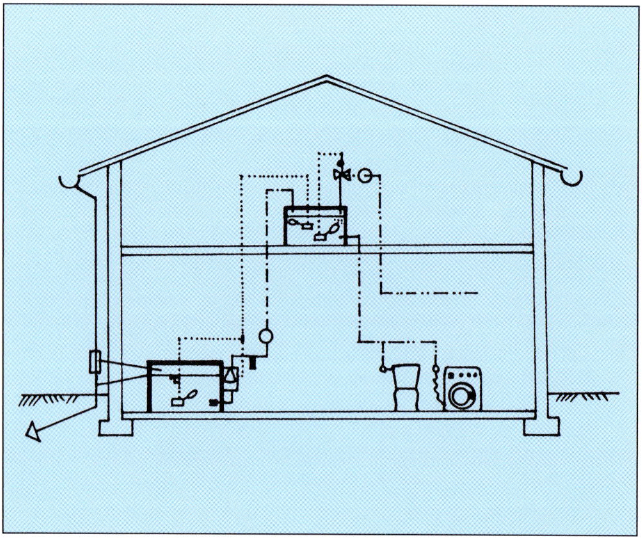

⑤

de lluvia fluirá por la fuerza de la gravedad desde el contenedor del desván hasta los puntos de toma.

La única ventaja auténtica de la instalación mixta consiste en que el contenedor del desván constituye una reserva de suministro en caso de corte de corriente o de averías en la instalación. Debido al gran peso del agua (1 m^3 = 1.000 kg) y a las condiciones habituales de estática (carga máxima de los techos = 300 kg/m^2), esta reserva no podrá ser, por necesidad, muy grande. De lo contrario, serían mayores los inconvenientes: inversiones superiores para dos contenedores de agua y necesidad de cañerías y mandos suplementarios.

El consumo de energía eléctrica es también superior, pues debemos transportar el agua de lluvia a un nivel más alto. Tampoco son desdeñables los problemas que se dan casi siempre en las griferías y los aparatos, que, por lo general, están preparados para una presión de suministro de 3-5 bares.

Ubicación del depósito y elección del sistema de cañerías

Como depósito de exterior para el agua de lluvia se puede utilizar un aljibe de construcción propia para colocar sobre el suelo o para enterrar. Los contenedores se pueden hormigonar o montar acoplando anillos de hormigón prefabricados. Varios fabricantes ofrecen también depósitos ya construidos para almacenar agua de lluvia. Además de las construcciones en hormigón, se ofrecen también tanques de plástico, notablemente más ligeros pero, en cambio, mucho más caros.

En la instalación de un aljibe de hormigón se ha de procurar especialmente que el posterior relleno de tierra no provoque daños. Si se acoplan anillos sueltos, la estanqueidad entre los elementos se ha de realizar con mucho cuidado.

Se pueden instalar también depósitos exteriores a modo de cisternas con una cámara de filtración. También se pueden emplear instalaciones de depuración fundidas en una sola pieza y compuestas por tres cámaras, como las que ofrecen a la venta los fabricantes de piezas prefabricados de hormigón.

La ventaja del aljibe sepultado en el exterior reside en que el agua se conserva fresca y a oscuras. De ese modo no se forman algas. Además, se ahorra el espacio requerido para la distribución de la casa.

①

❶ Para el almacenamiento de agua de lluvia en el interior se pueden emplear, en principio, tanques para petróleo ya existentes e inutilizados, por ejemplo, al cambiar la instalación por otra de gas. Antes de la puesta en funcionamiento se ha de llevar a cabo la correspondiente limpieza, que se encargará a una empresa especializada. Para la nueva instalación de contenedores de interior se puede recurrir a tanques para combustible de calefacción. Son especialmente económicos los tanques de plástico de calidad media que no se han de utilizar para el almacenamiento de petróleo, pero que sirven perfectamente como depósitos para agua. Los tanques para petróleo de calefacción están diseñados de tal modo que se pueden trasladar al sótano sin problemas. Con los accesorios adecuados, es posible acoplarlos a voluntad formando baterías de mayor capacidad. Para impedir la formación de algas, los tanques deberán mantenerse en lugares frescos y sin luz.

Una vez decidido el tipo de tanque y el lugar de colocación, se ha de tomar una decisión fundamental: ¿cómo garantizar el suministro de los puntos de toma conectados al depósito de agua de lluvia cuando el contenido del tanque esté a punto de agotarse tras un largo periodo de sequía? Existen, en principio, dos posibilidades para conmutar los aparatos a fin de que consuman agua potable en momentos de escasez de agua de lluvia:

– mediante un sistema doble de cañerías;

– o alimentando con agua potable el contenedor de agua de lluvia.

Llevando hasta cada una de las cisternas de los inodoros una conducción tanto de agua de lluvia como de agua corriente se pueden acoplar en paralelo ambas entradas de agua. Si escasea el agua de lluvia, se deberá abrir a mano la válvula angular; de no ser así, un conmutador magnético acoplado al protector contra la marcha en seco de la bomba abrirá la entrada de agua potable.

Cuando exista un sistema de cañería doble, la entrada de agua a la lavadora se cambiará a mano siempre que se quiera pasar al agua potable.

2 La acometida de agua corriente al depósito de agua de lluvia no requiere grandes complicaciones de instalación. Para rellenar el tanque se abrirá a mano una llave o se instalará una válvula de imán que dé paso automáticamente al suministro de agua potable. Inconveniente: cuando se produzca un corte de corriente, los aparatos conectados al sistema no recibirán agua.

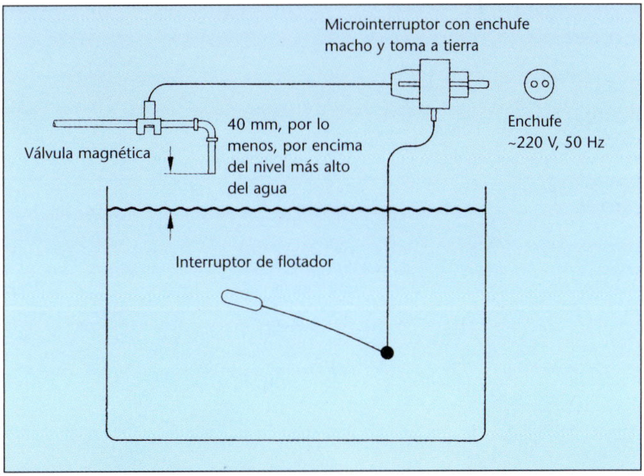

(2)

Cubos de agua de lluvia para el jardín

Es una lástima que haya caído ampliamente en el olvido un objeto que en otros tiempos era algo natural en cualquier casa: el estupendo viejo cubo de agua de lluvia para regar el jardín y las flores.

①

❶-❷ Existen diversos sistemas de acoplamiento para la conexión con la bajante del tejado. Tras un periodo largo de sequía, es recomendable dejar correr hacia el alcantarillado la primera agua de lluvia. Este primer vertido, por llamarlo así, impide que lleguen al cubo la suciedad y las sustancias nocivas acumuladas sobre la cubierta. Esta medida de precaución es especialmente importante en el caso de contenedores menores, entre 150 y 200 litros. En efecto, si el cubo para el agua de lluvia está muy vacío, las primeras precipitaciones fuertes caídas sobre una gran superficie de tejado lo llenarán por completo; la lluvia recogerá todas las sustancias nocivas de la cubierta y el agua más limpia que fluya después desaparecerá camino de la alcantarilla, desaprovechada por rebosamiento.

❸ Mientras sea posible, el cubo para el agua de lluvia debería estar cubierto para impedir la incidencia de la luz y el crecimiento de algas ligado a ella. Existen en el comercio tapaderas provis-

②

③

④

⑤

tas de un boquete para la introducción de la bajante.

④-⑤ Otros complementos razonables son un aliviadero y un grifo de purga. No obstante, para poder utilizar el práctico recurso de la espita, el cubo deberá situarse en la mayoría de los casos en posición elevada sobre una base apropiada con el fin de poder colocar debajo cubos pequeños y regaderas. Se puede construir una batería de varios cubos para agua de lluvia utilizando elementos de conexión; de ese modo se obtendrán depósitos de agua del tamaño que se desee. El sistema funciona según el principio de los vasos comunicantes, por lo que el nivel del agua se mantendrá siempre a la misma altura en todos los contenedores.

De acuerdo con ese mismo principio se pueden colocar cubos para el agua de lluvia al lado mismo del canalón, pero también será posible situarlos en lugares alejados si se emplean piezas de inserción especiales para las bajantes y una manguera de empalme. Los cubos para el agua de lluvia se pueden combinar también con electrobombas y con bombas manuales de balancín.

Entrada del agua y rebosamiento del contenedor

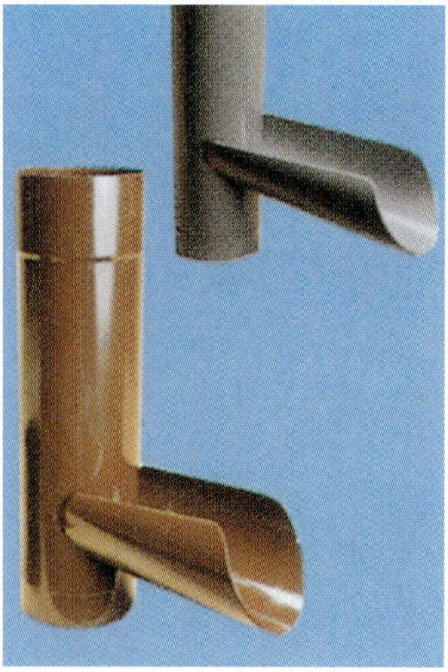

①

②

En la bajante o en la salida hacia la alcantarilla se ha de acoplar siempre una desviación que dirija el agua de lluvia hacia el depósito de recogida, tanto si se trata de un cubo para la lluvia como de un aljibe enterrado o un tanque colocado en la bodega.

❶ La solución más sencilla es la del **cierre de desagüe para el agua de lluvia,** accionado manualmente para posibilitar el flujo hacia el contenedor de recogida. Con esta técnica sencilla se puede prevenir sin problemas el primer vertido. Después de los periodos de sequía prolongados, el cierre no se situará en posición de recogida hasta que se haya lavado del tejado la mayor parte de la suciedad. El inconveniente del sistema reside en que no hay posibilidad de parada automática en caso de rebosamiento.

❷-❹ Otros **colectores de agua de lluvia** aprovechan la propiedad del agua de correr preferentemente por las paredes de la bajante. Dichos colectores interrumpen el flujo mediante un anillo de captación que desemboca en un codo lateral de salida. En el centro de la bajante se sigue manteniendo una sección suficiente como para impedir el represamiento, incluso en casos de precipitaciones extremas.

El montaje de este tipo de colectores de agua de lluvia permite aprovisionar de manera continua los cubos y depósitos conectados a ellos sin necesidad de intervenir directamente. Cuando las precipitaciones son excesivas, los contenedores rebosarán inevitablemente. Esto, sin embargo, se puede impedir montando los aljibes de tal modo que el nivel máximo del agua en el contenedor de recogida quede un poco por encima del anillo de captación. Una vez que se ha llenado el aljibe, el agua rebosa por encima del anillo de captación y fluye al alcantarillado.

❺ Esta disposición permite tender a voluntad las conducciones de tubos o mangueras que desembocan en el contenedor de recogida. En el caso de aljibes alejados, el tubo de alimentación se puede incluso enterrar. Cuando haya que serrar la bajante para el montaje de un colector de agua de lluvia, se recomienda utilizar un nivel de agua para asegurarse de que el punto de rebosamiento del aljibe se halla, efectivamente, un poco por encima del anillo de captación.

Para los contenedores de agua situados por debajo del nivel de recogida del agua de lluvia se habrá de fabricar un aliviadero aparte conectado a la alcantarilla. La única excepción será la del colector de agua de lluvia con válvula de regulación. Con este sistema, la altura máxima del empalme con la bajante se hallará a 6 m por encima del recipiente para el agua de lluvia. En cuanto el contenedor se llena, una válvula accionada por una boya detiene el flujo.

Cuando haya que alimentar desde un colector de agua de lluvia contendores mayores, en vez de un único cubo, se habrá de procurar que el agua sólo se derive hacia ellos en caso de precipitaciones de menor cuantía. Cuando las

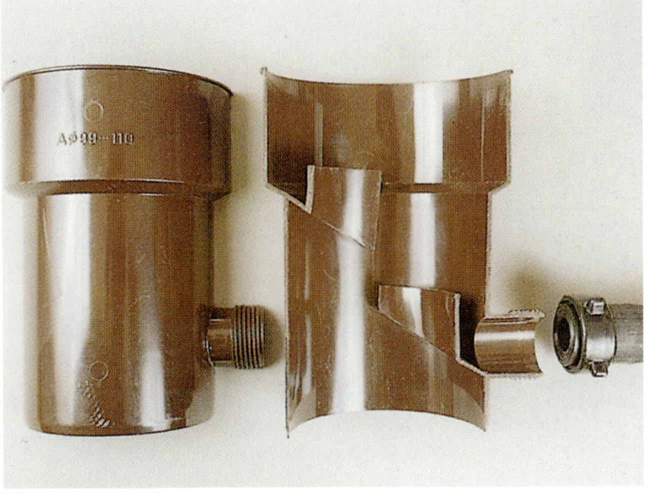

③

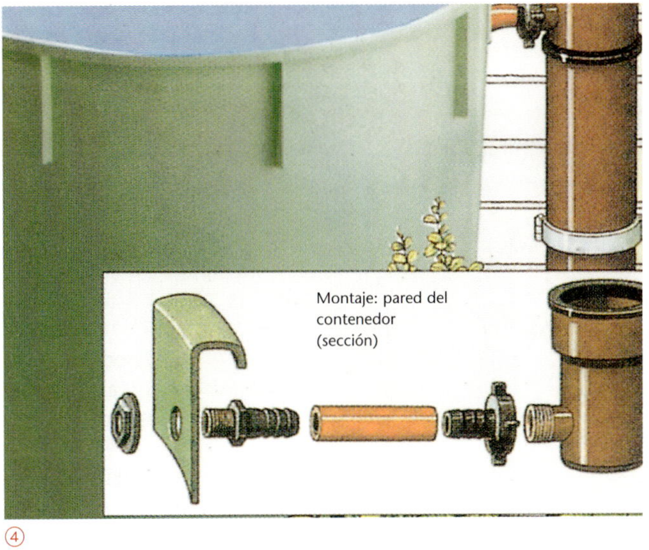

④

⑤

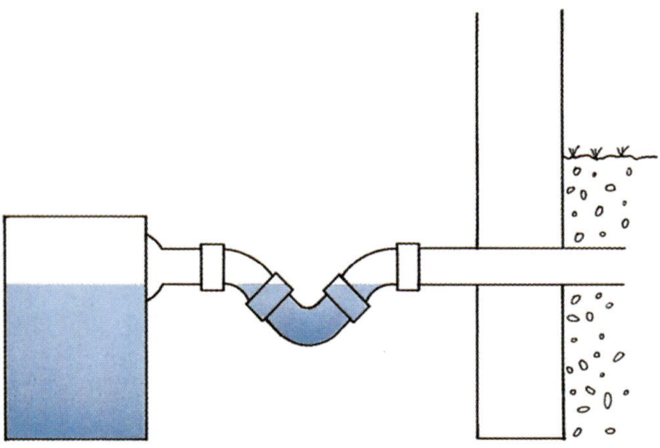

⑥

lluvias son fuertes, la propia construcción obliga a que una parte considerable del agua fluya inutilizada al alcantarillado.

En tal caso, se recomienda encauzar la bajante directamente al aljibe. Un aliviadero aparte, cuya sección será mayor que la del tubo de afluencia, garantizará que no se produzcan desbordamientos, sobre todo en los tanques colocados en sótanos.

Un método todavía mejor, desde un punto de vista medioambiental, es la instalación de un **pozo filtrante** que pueda absorber el agua rebosada. De ese modo se consigue no sólo reponer las capas freáticas, sino también aliviar la función del alcantarillado. También es importante la mejora lograda así para las depuradoras y los ríos, al contribuir al control de las inundaciones. No obstante, una condición para que las cosas ocurran de esa manera es la capacidad de absorción del suelo, es decir, cierta permeabilidad para el agua. De no ser así, se podrían producir encharcamientos en el terreno. Es muy probable que se requiera un permiso para la instalación de un pozo filtrante.

6 En todos los desagües dirigidos hacia el alcantarillado debería preverse un **sifón inodoro,** pues no queda excluida una contaminación del entorno de la vivienda por gases de cloaca procedentes de las alcantarillas; dicho sifón puede fabricarse también con tubos corrientes para aguas residuales.

Estos tubos se pueden trabajar con herramientas sencillas, como una sierra para metal; poseen juntas de goma incorporadas y son fáciles de empalmar. Las numerosas piezas preformadas existentes permiten solucionar casi todos los problemas imaginables.

Cisternas para enterrar

Siempre que al construir una vivienda nueva se requieran movimientos de tierra considerables, se podría pensar en la posibilidad de abrir, junto a la excavación para el sótano, un pozo adecuado para introducir una cisterna. Los aljibes de exterior sepultados en tierra almacenan el valioso líquido en condiciones de frescura y oscuridad, impidiendo así la formación de algas. De ese modo no se limita la capacidad de almacenaje, y en la bodega de la casa queda lugar para otros fines.

❶-❷ El método más sencillo de construir una cisterna consiste en superponer **anillos de hormigón prefabricado para pozos.** El primer anillo dispone de un suelo ya preparado. Los siguientes se montan unos sobre otros con mortero hermético. En vez del mortero se pueden colocar también bandas de impermeabilización de plástico entre los diversos elementos.

El último elemento está formado por un cuello que se va estrechando hacia lo alto para poder cerrar por arriba la cisterna con una placa de hormigón relativamente pequeña. Diversos fabricantes de piezas prefabricadas de hormigón ofrecen los correspondientes elementos de construcción para cisternas destinadas a la recogida de agua de lluvia.

❸ Para facilitar el montaje al pie de obra y evitar el problema de la impermeabilización de contenedores de varias piezas se ha desarrollado la alternativa de los aljibes de **hormigón fraguado** en encofrado. Estos aljibes presentan la misma

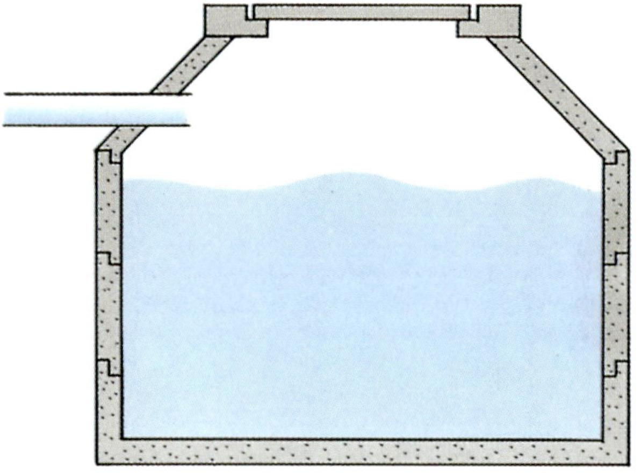

①

②

forma que las cisternas de anillos, pero están hechos de hormigón armado sin juntas.

Si el montaje de una cisterna de anillos de hormigón plantea problemas debido al gran peso de las piezas, se deberá utilizar en cualquier caso una grúa para desplazar el contenedor una vez terminado. Las piezas sueltas de un colector de agua de lluvia de 4,4 m^3 de contenido pesan alrededor de 3.500 kg. Un aljibe de igual tamaño en hormigón fraguado pone en el gancho de la grúa una carga de 3.800 kg. Existen a la venta contendores sin juntas con un diámetro de 1,20 a 2,50 m y una capacidad de hasta 12.500 l. Los aljibes formados por anillos sueltos y un diámetro de 2 a 3 m pueden alcanzar una capacidad de hasta 26.000 l.

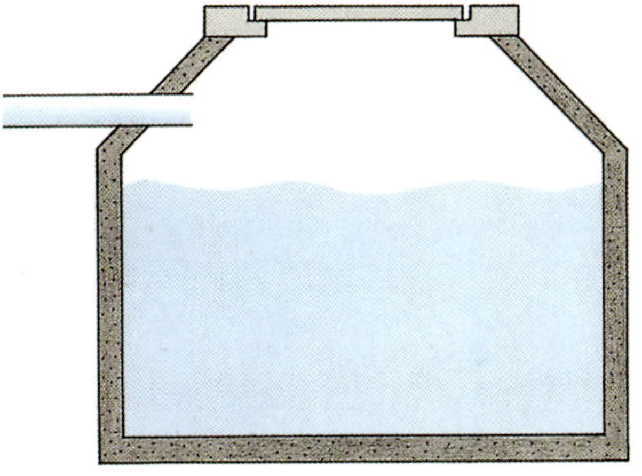

③

4 Para el aprovechamiento del agua de lluvia en el hogar se recomienda la instalación de un **antepozo para el filtrado grueso** que retenga las partículas de suciedad que fluyen del tejado y que, en caso de necesidad, se pueda limpiar sin problemas.

Además de las cisternas cilíndricas para agua de lluvia prefabricadas en hormigón existen también contenedores compactos de forma esférica sin junturas construidos en hormigón armado B 35. Su forma redonda permite cubrirlos con abundante tierra. De ese modo se evita un posible empuje ascensional del tanque vacío en zonas de riesgo por la existencia de una capa muy próximaa la superficie. El ascenso del agua subterránea puede hacer flotar, literalmente, el contenedor. En tal caso,

④

será inevitable el desgajamiento de las acometidas de entrada y salida.

También se pueden utilizar como aljibes los equipos

domésticos de depuración con tres cámaras separadas ofrecidos por algunos fabricantes de componentes de hormigón. En este uso, el agua fluye en una dirección exactamente opuesta a la de su funcionamiento como depuradora. La salida se convierte en entrada. La anterior entrada se coloca, en su nueva función de salida, algo más abajo. Las cámaras permiten el depósito de las impurezas llevadas por el agua, haciéndose así superfluo un filtro grueso previo.

Depósitos de recogida y tanques de plástico para enterrar

❶ Además de los clásicos cubos para el agua de lluvia, se pueden instalar asimismo, como contenedores de recogida, recipientes y depósitos abiertos de mayor tamaño, susceptibles también de ser enterrados. Algunos recipientes redondos están hecho de polietileno fuerte, resistente a los golpes y estable a los rayos ultravioleta. Durante el invierno deberían vaciarse, pues se pueden agrietar en caso de heladas fuertes.

Los contenedores cuadrados están hechos de un poliéster especialmente estable, reforzado con fibra de vidrio. Deberán colocarse de pie, apoyando toda su base sobre un fundamento plano y resistente a la carga a fin de que el material no se raje una vez lleno. La pared del contenedor se taladrará para realizar seguidamente una abertura adecuada con la sierra de calar, a fin de aplicarle los elementos de entrada y salida del agua. Una tapa servirá, también en este caso, para impedir la formación de algas en el agua.

❷ ❸ Si se utilizan contenedores apropiados, se puede extraer agua mediante una sencilla manguera de plástico. Algunos poseen también un aliviadero ya instalado.

En el comercio se ofrecen contenedores de polietileno a modo de tanques de almacenamiento que se pueden enterrar como las cisternas de hormigón. Los modelos en hormigón pesan toneladas, pero son relativamente baratos, mientras

①

②

③

que los tanques de plástico para enterrar pesan sólo una fracción de los anteriores, pero pueden llegar a costar el doble. Debido al escaso peso, el tanque de plástico para enterrar se ha de asegurar de manera especial a fin de prevenir la fuerza ascensional en casos de un nivel freático alto.

Para extraer el agua de lluvia almacenada se puede emplear una bomba sumergible, de venta habitual, o una bomba manual de balancín de evocación nostálgica. Los tanques mayores, a partir de 2.000 litros de contenido, tienen en la parte superior una gran tapa enroscada a través de la cual podemos introducirnos para realizar su limpieza en caso necesario.

4 La ilustración nos muestra un tanque para agua de lluvia enterrado, fabricado en polietileno resistente a los golpes, con paredes fuertes y costillas de refuerzo, para un contenido de 1.000 a 5.000 litros. Un elemento de aspiración permite accionar una electrobomba o una bomba manual de balancín. Los tanques de mayor contenido están fabricados, por lo general, en plástico reforzado con fibra de vidrio.

4

Depósitos de interior en el sótano

❶ Si se dispone de sitio suficiente en el sótano de la casa, se podrá colocar allí sin problemas un **tanque de plástico** para la recogida del agua de lluvia. El lugar más apropiado para mantener el agua fresca y sin algas será un cuarto frío y oscuro. Si no se puede impedir la entrada de luz, se recomienda pintar de negro los tanques a fin de evitar su calentamiento.

Los tanques de plástico para almacenar fuel-oil son igualmente apropiados como contenedores de agua de lluvia. Si disponemos ya de tanques vacíos, por haber instalado una nueva calefacción de gas, tendremos la posibilidad de reconvertir de forma económica esos contenedores para su nueva tarea tras una limpieza a fondo.

El tamaño de los tanques de plástico que se ofrecen a la venta oscila en la mayoría de los casos entre los 800 y los 2.000 litros. Los tipos más pequeños son de tales proporciones que pueden transportarse posteriormente al sótano pasando por las cajas de escalera y los vanos de puerta normales.

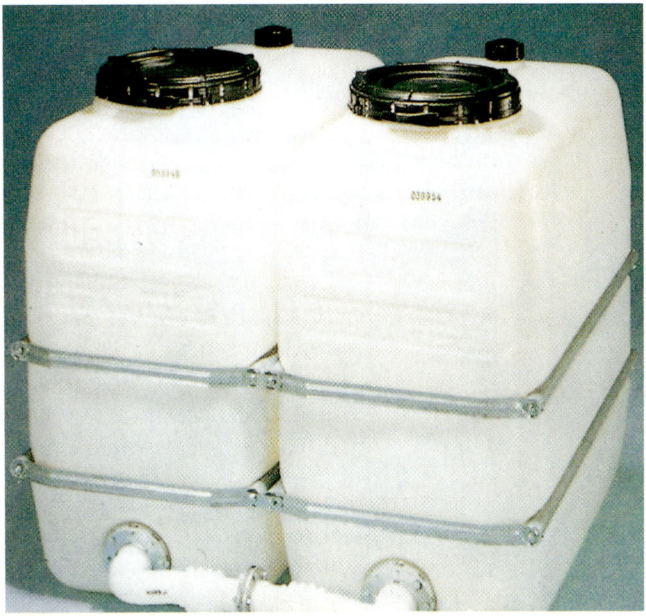

①

❷ Varios fabricantes ofrecen hoy día **sistemas montados** en los que el tanque de almacenamiento está provisto ya de una bomba y de las acometidas necesarias para poder integrarlo en las instalaciones de la casa. El contenedor del colector para agua de lluvia de la casa Wilo tiene una capacidad de 1.100 o 2.000 l, según se desee. La instalación se puede ampliar hasta conseguir cualquier batería de tanques mediante ampliaciones de elementos cuyo contenido es también de 1.100 o 2.000 litros.

❸ ❹ Un componente automático permite la *realimentación* autónoma con agua corriente cuando el agua de lluvia tiende a agotarse. Este sistema proporciona un aprovisiona-

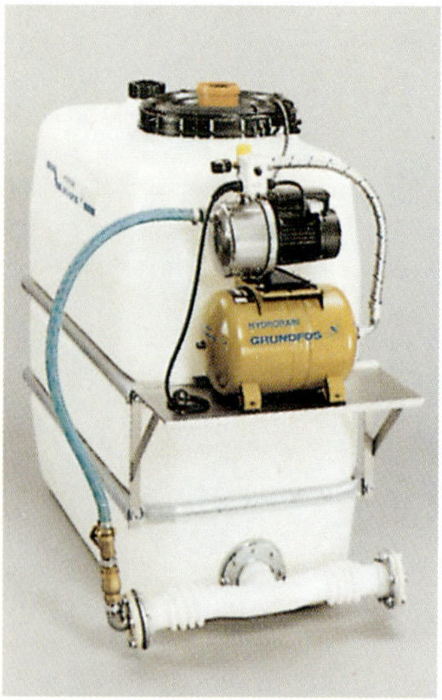

②

miento centralizado a todos los puntos de suministro de agua de lluvia en el hogar sin que haga falta una doble cañería.

El sistema de suministro de agua corriente se compone de una válvula magnética (cableada para conectar en un enchufe) y un conmutador de flotador provisto de un pequeño aparato interruptor. También es posible su acoplamiento a una instalación ya existente. El dibujo ilustra el modo de funcionamiento del sistema de alimentación con agua corriente.

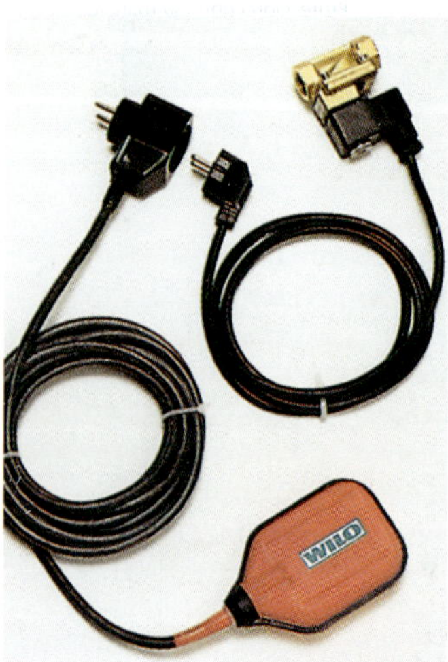

③

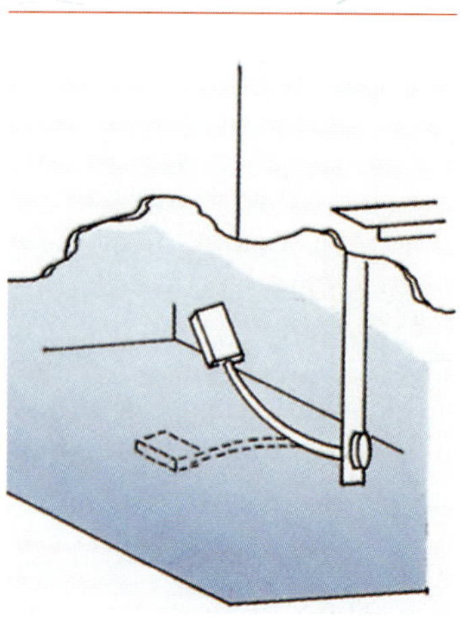

④

Cuando el nivel del agua cae en el tanque por debajo de una determinada marca mínima, entra en funcionamiento el interruptor de flotador montado en la parte inferior del contenedor. De ese modo se abre la válvula magnética que permite la realimentación con agua corriente.

La norma DIN 1988 «Instalación de agua potable en jardines y edificios» prescribe que las conducciones para agua potable y las de lluvia no estén conectadas directamente. La distancia existente en el aljibe entre la salida libre de la conducción de agua corriente y el nivel más alto posible del tanque deberá ser doble que la del diámetro interior del tubo de afluencia y equivaler, por lo menos, a 20 mm.

De ese modo se evita un retroceso del agua de lluvia a la red de agua potable, lo cual podría darse si existiera una conexión directa, en el caso, por ejemplo, de una caída de la presión producida por una rotura en las cañerías del sistema del servicio de aguas.

Las tuberías de afluencia y rebosamiento de un tan-

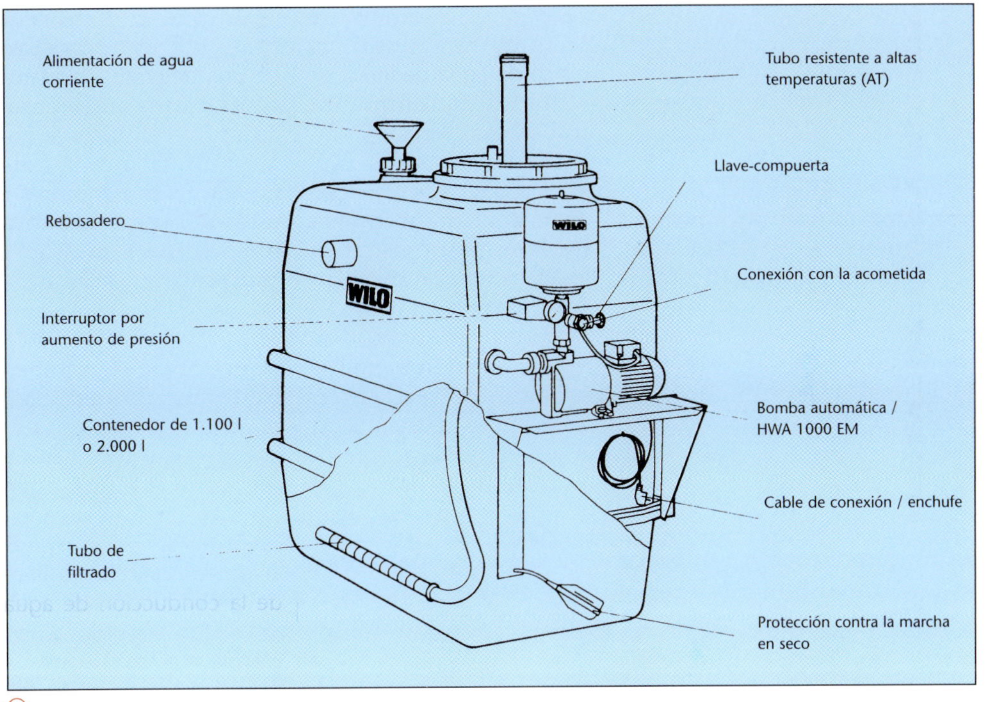

⑤

que para agua de lluvia colocado en el interior deberán tenderse por las paredes exteriores del edificio. En tal caso, se deberán encastrar previamente tubos de revestimiento del tipo de los que se venden en los comercios de material para construcción para impedir la infiltración de humedades. El tubo propiamente dicho, introducido más tarde, estará recubierto por materiales estancos a su medida. Al empalmar un tubo de rebosamiento con las cañerías exteriores del alcantarillado, se habrá de procurar que no puedan penetrar malos olores desde la alcantarilla al interior de la casa. Para ello se utilizarán codos que den a la conducción de rebosamiento la forma de un sifón lleno de agua, a modo de sifón inodoro (ver p. 38).

❺ La ilustración muestra un depósito de interior con una bomba automática incorporada conectada mediante cable y enchufe. El agua de lluvia se dirige al contenedor a través de un tubo de PVC para alta temperatura. Un rebosadero lateral une el contenedor con la red de aguas residuales de la casa. Cuando falte agua de lluvia, se repondrá agua corriente a través de un embudo de llenado. Un tubo de filtrado impedirá la aspiración de partículas de suciedad; la protección contra el funcionamiento en seco evita posibles daños al motor de la bomba en caso de falta de agua. El depósito mostrado aquí pertenece a un conocido fabricante y se puede adquirir con contenidos de 1.100 y 2.000 litros. La capacidad de almacenamiento se puede sumar a la de otros contenedores mediante el añadido de elementos de ampliación unidos con bridas y tubos; de ese modo se pueden formar aljibes del tamaño que se desee.

Tamices y filtros para la depuración del agua

Los contenedores de recogida de sistemas de aprovechamiento de lluvia se han de mantener, a ser posible, libres de impurezas que lleguen flotando en el agua.

❶ La primera protección contra la porquería gruesa es un tamiz o un **recogedor de hojas** colocado en la entrada de la bajante. La parte confeccionada con alambre de acero o plástico se ha de sujetar al orificio de salida de la bajante. El canalón y el tamiz de la boca del tubo se habrán de limpiar a fondo al menos una vez al año, a ser posible después de la caída de la hoja, en otoño.

❷ ❸ Para encauzar hacia el aljibe el agua de lluvia que fluye del tejado se incorporará a la bajante una válvula o un colector. Los cierres para tubos de recogida de agua de lluvia son sencillos y fiables. En estos puntos se puede acoplar también un tamiz que retenga las impurezas más bastas.

El filtrado fino del agua de lluvia se consigue mediante la instalación de

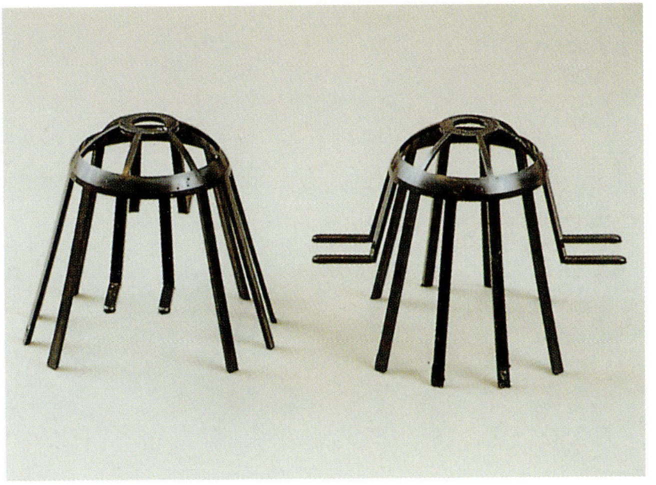

①

②

③

un **colector con filtro.** Para ello se aserrará la bajante a fin de encastrar el componente, que se montará a continuación.

Si el colector con filtro sirve al mismo tiempo de rebosadero, la altura del empalme no deberá hallarse por encima del nivel máximo del agua en el aljibe.

El colector con filtro situado en el interior de la carcasa, que podrá ser de cobre o de cinc al titanio, dispone de un microtamiz provisto de una chapa de derivación desmontable. En el tamiz se recogerán partículas de suciedad como limaduras, hojas, semillas, insectos, excrementos de aves, etc., que se encauzarán hacia el alcantarillado con una parte del agua de bajada.

El colector con filtro permitirá realizar el primer vertido, es decir, la derivación hacia el alcantarillado de la primera agua del tejado, especialmente sucia. El agua de lluvia no se dirigirá hacia el aljibe hasta después de transcurrido un tiempo, una vez que la superficie del filtro haya quedado completamente humedecida. Durante ese tiempo habrán sido retiradas con el agua las principales porquerías del tejado.

Como las partículas de suciedad recogidas por el microtamiz se eliminan por sí solas, el colector con filtro no requiere prácticamente ningún mantenimiento. Los filtros para agua de lluvia deben ser relativamente finos a fin de retener el mayor número posible de partículas; por otra parte, no deberían obstruirse con demasiada rapidez. Es muy difícil satisfacer esta exigencia mediante la mera instalación de filtros finos. En vez de ello, deberemos colocar consecutivamente varios filtros de distinto grado.

Ya hemos descrito la combinación de un recogedor de hojas en el canalón y un colector con filtro en la bajante, que es la combinación más favorable en cuanto a dificultad de montaje. Una instalación de este tipo se puede completar con un filtro fino colocado después del aljibe.

El **filtro de gravilla,** a través del cual se hace pasar el agua de lluvia procedente de la bajante, ha demostrado ser un antefiltro especialmente eficaz y robusto. La forma más sencilla de construirlo consiste en enterrar un aro de hormigón o un recipiente idóneo ancho y hacerle en la parte inferior una salida que encauce el agua hacia el aljibe. El relleno con gravilla basta retiene la mayor parte de las impurezas contenidas en el agua de lluvia. La grava del filtro se ha de extraer al menos una vez al año para limpiarla o sustituirla.

Cuanto más alta sea la capa de filtrado formada por la gravilla, mayor será su eficacia. Una superficie más extensa retiene más partículas de suciedad. Disponiendo varias capas de granos de diverso grueso se consigue una mejora adicional en el filtro de grava. Si colocamos como estrato inferior un manto de lana mineral o de fibra de vidrio, el filtro de grava depurará el agua tan perfectamente que resultará suficientemente limpia para la limpieza del inodoro.

Los filtros de grava se instalan principalmente en combinación con aljibes

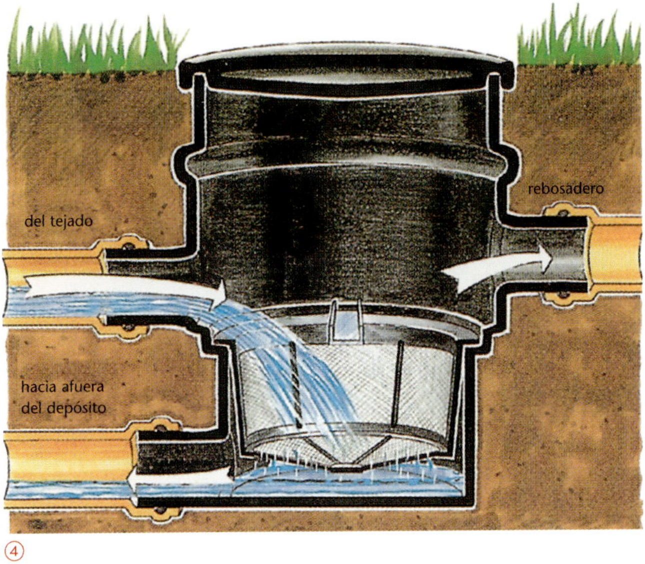

④

⑤

exteriores. Los fabricantes de tanques y cisternas ofrecen los correspondientes elementos para el montaje. Un sistema de filtrado en el que, tras la capa de grava y la manta de filtración, se coloque además una cámara con carbón vegetal permitirá obtener una depuración especialmente buena.

Los posibles gérmenes contenido en el agua de lluvia se destruirán al contacto con el carbón vegetal.

❹ Existen, además, filtros prefabricados para **introducirlos bajo tierra** realizados en polietileno resistente a los golpes y provistos de tapa, entrada, salida y rebosadero, además de alcachofas extraíbles.

Es necesario controlar con regularidad la instalación de filtrado para conseguir un funcionamiento correcto del sistema de aprovechamiento del agua de lluvia. Los filtros obstruidos no limpian bien e impiden la entrada de agua en el aljibe.

Cuando el agua procedente del tejado se canaliza hacia un contenedor de interior, no suele ser habitual intercalar un filtro de grava; en tales casos se opta por una combinación de filtrado colocada también en el interior y compuesta por un antefiltro y un filtro fino.

El antefiltro se compone de una carcasa transparente en cuyo interior quedan retenidas todas las partículas de tamaño superior a 1 mm. Si el colector de la bajante está provisto ya de un filtro, bastará con limpiar el antefiltro del sótano dos veces por año.

El filtro fino instalado tras el antefiltro puede ser un filtro de piscina o de agua potable, como el utilizado tras el punto de conexión con la casa para la retención de arena, óxido, etc. Los filtros finos sencillos están provistos de tamices metálicos especialmente densos que deberán limpiarse con regularidad.

Los filtros finos equipados con un cartucho recambiable de lana de poliestireno plegado poseen una mejor eficacia de filtración. Una carcasa transparente permite en tales casos un control visual del grado de suciedad. Si se olvida la limpieza necesaria o el cambio de cartuchos, el agua de lluvia retrocederá hasta sobrarse por encima del colector; de ese modo se impedirá que el tanque se rellene.

5 Se pueden instalar también detrás de la bomba filtros para agua potable resistentes a la presión, que se colocarán en la parte de la cañería principal bajo presión. En este punto se pueden insertar **filtros de retorno,** además de los filtros con cartucho. Estos filtros finos se limpian, siempre que haga falta, mediante el giro de una palanca que hace fluir el agua en dirección contraria a través del filtro. En esa operación, las partículas de suciedad se dirigen hacia el aljibe, en cuyo fondo se pueden depositar. Los filtros de retorno poseen una pequeña superficie que actúa a modo de filtro fino con cartucho y deben limpiarse, por tanto, con relativa frecuencia. El tipo de combinación de filtros requerido depende siempre de las circunstancias particulares. Los filtros finos sólo suelen ser necesarios cuando se utiliza una lavadora. Hay que tener en cuenta que los filtros finos colocados en el sector de la cañería bajo presión requieren una mayor capacidad de bombeo.

Tuberías de desagüe

El planteamiento correcto y la elección de materiales para las cañerías es la base del funcionamiento de un sistema de aprovechamiento del agua de lluvia.

En primer lugar, hay que encauzar hacia el aljibe el agua que llega del tejado. Para el empalme con el colector de agua de lluvia ya instalado, o como ramificación de la derivación hacia el alcantarillado, se suelen emplear preferentemente tubos de plástico como los utilizados en las cañerías para aguas residuales en la instalación de las viviendas.

Se distinguen entre ellos tres tipos de materiales:

– tubos BT para conducciones con agua a baja temperatura (color gris claro);

– tubos AT para conducciones resistentes a altas temperaturas (color gris oscuro);

– tubos AR para conducciones subterráneas de aguas residuales (color marrón rojizo).

❶ Para las cañerías empotradas se utiliza casi siempre tubo AT (alta temperatura), que se puede adquirir en cualquier tienda de material para la construcción y el hogar. Para longitudes entre 150 y 2.000 mm se ofrecen diámetros de 40 a 100 mm. Para cambios de dirección, empalmes y pasos existe una multiplicidad de piezas preformadas. Un sistema de conexión con juntas de goma facilita especialmente el tendido. Se pueden fabricar piezas de ajuste con una sierra metálica fina o una sierra especial para plástico.

❷ Para las fijaciones en pared existen **bridas galvanizadas.** Para el suministro a aljibes de exterior se habrán de emplear tubos AR (aguas residuales), de color teja, que se enterrarán en un lecho de arena. Una alternativa a los tubos de PVC en el caso del enterramiento son los tubos de hierro fundido que se empalman con bridas especiales.

①

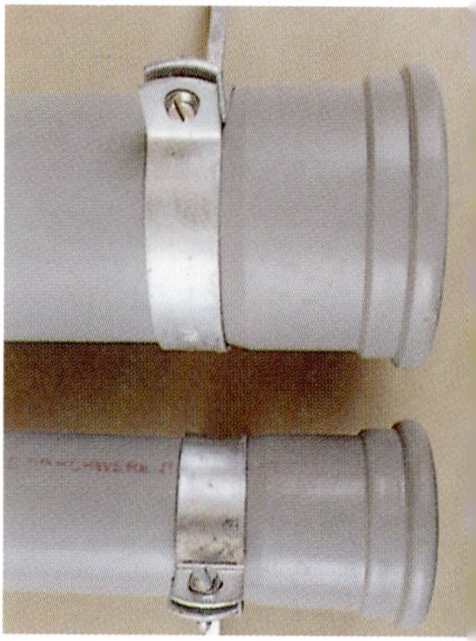

②

Cañerías de plástico para aspiración y presión

❶ ❷ En circunstancias desfavorables, y debido al bajo valor de su pH, el agua de lluvia provoca daños por corrosión en las cañerías metálicas. Los tubos de acero son especialmente susceptibles de corroerse, y los de cobre sólo se pueden recomendar con reservas. Así pues, las cañerías ideales para aspiración y presión en un sistema de aprovechamiento del agua de lluvia son las formadas por tubos de plástico.

Los tubos de PE (polietileno) son idóneos para la conexión entre el aljibe de exterior y la bomba instalada en casa. Para proteger la conducción de las heladas y con el fin de que estas no puedan dañar los aparatos de jardinería, se habrán de enterrar de 80 a 100 cm por debajo de la superficie.

❸ Para las cañerías de presión situadas después de la bomba son especialmente recomendables los tubos de **polietileno reticulado** (PER). Este material plástico se distingue por su gran flexibilidad y su larga vida. Para unir entre sí los tubos de polietileno se emplean manguitos y accesorios de metal fáciles de abrir y atornillar.

Para los tubos ascendentes dentro de la casa existe material en barras de polietileno reticulado; y para la distribución por los pisos, material flexible en rollos. Si se compran rollos de un largo máximo de 25 m, serán necesarios pocos empalmes. El sistema resulta, por tanto, extraordinariamente adecuado para el aficionado a los trabajos caseros.

❹ Los tubos de PER se pueden colocar en catas abiertas en el enlucido, pero también sobre la pared. La nueva técnica del **tubo en tubo** resulta especialmente ventajosa. Dicha técnica consiste en utilizar tubos de polietileno reticulado encajados, a su vez, en tubos protectores. Este recubrimiento del tubo portador de agua proporciona un buen aislamiento térmico y sonoro. Los ruidos del flujo se reducen así considerablemente.

En caso de producirse un daño mecánico en una cañería instalada en un sis-

①

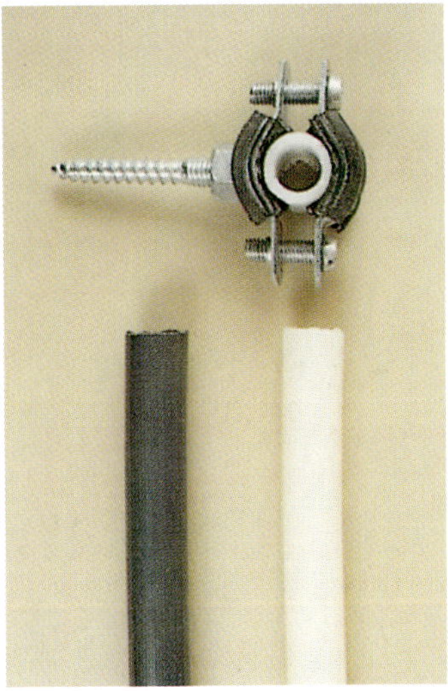

②

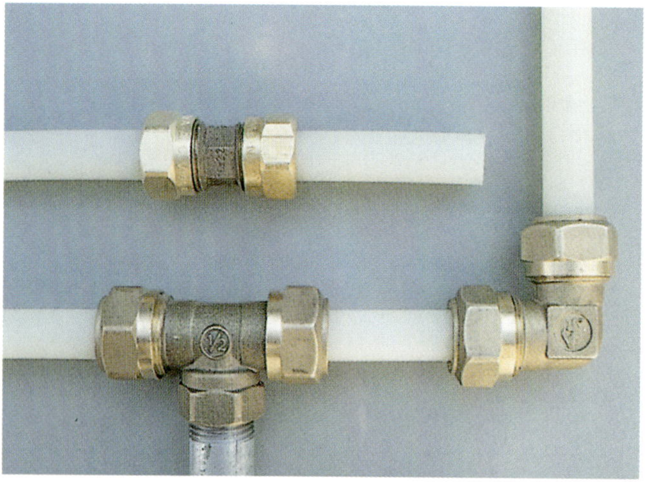

③

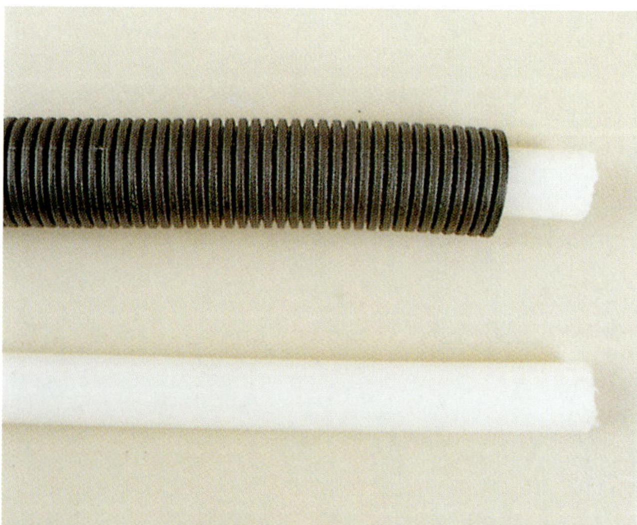

④

tema de tubo en tubo, la reparación no ofrecerá problema alguno, a diferencia de lo que ocurre con las instalaciones convencionales. No hará falta abrir la pared o el pavimento. Bastará, simplemente, con soltar los dos puntos de empalme de la correspondiente sección de cañería, retirarla del tubo de protección e introducir la sección de recambio.

Con tubos de plástico de polipropileno se utiliza también otra técnica de instalación. Este material se puede fundir en los puntos de empalme mediante un aparato especial. El trozo de tubo y el manguito del accesorio se calientan y se encastran. Una vez enfriadas, ambas partes forman una unidad inseparable.

Además, se pueden confeccionar cañerías de presión con tubos especiales de PVC. Este material no es tan flexible como el PER y, por tanto, sólo se ofrece en barras. La existencia de un amplio surtido de accesorios y piezas de empalme permite solucionar también en este caso cualquier problema de instalación. Se venden accesorios de latón que se pueden abrir y se atornillan con abrazaderas; también se pueden pegar entre sí las distintas partes de PVC.

Todos los tubos de plástico son insensibles a la acción agresiva del agua. La corrosión, el principal peligro para las cañerías de metal, resulta imposible en el caso de las de plástico. Las paredes interiores lisas de los tubos impiden además sedimentaciones e incrustaciones.

No obstante, podría ponerse reparos al empleo de tuberías de plástico por motivos ecológicos. El PVC no deberá eliminarse junto con la basura normal del hogar, pues su incineración libera sustancias tóxicas.

Cañerías de cobre para el abastecimiento de agua

Los tubos de cobre siguen ocupando el primer lugar en las instalaciones domésticas, con una cuota de mercado del 70%. Según hemos comentado, el agua de lluvia puede aumentar el riesgo de corrosión debido a su bajo pH. Quien quiera optar por la seguridad, deberá evitar colocarlos debajo del enlucido para poder descubrir enseguida cualquier filtración.

❶ El material de tubería ofrecido en **barras** o en **rollo** y los accesorios requeridos para el montaje son relativamente económicos. Los tubos de cobre en barras se emplean sobre todo para la instalación vista. El material en rollo resulta ventajoso para montajes encastrados en el solado y en rozas abiertas en la pared; con él se pueden trazar curvas sin que sea necesario soldar ángulos para cambiar de dirección. Tanto las barras de cobre como el material más blando se venden también en acabados provistos de un recubrimiento delgado de aislamiento. En verano, las conducciones descubiertas están siempre húmedas por el agua de la condensación. Por eso es absolutamente recomendable recurrir al aislamiento. Cuando se trabaje con material desnudo, se recubrirá posteriormente mediante mangueras aislantes.

Sólo con conducciones para agua caliente se requerirá un aislamiento térmico especial mediante una envoltura de poliestireno más gruesa.

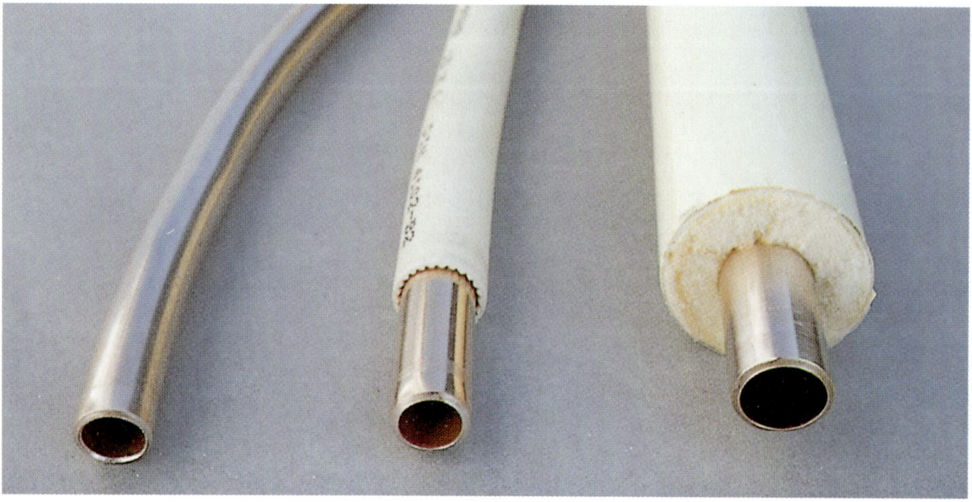

①

2 El empalme de tubos de cobre con los accesorios apropiados se consigue mediante soldadura blanda. Como el material de soldadura utilizado aquí posee un punto de fusión situado por debajo de los 450°, para realizar este trabajo bastará con una candileja barata con cartucho de gas. El aficionado a los trabajos caseros podrá efectuar sin problemas uniones con soldadura blanda.

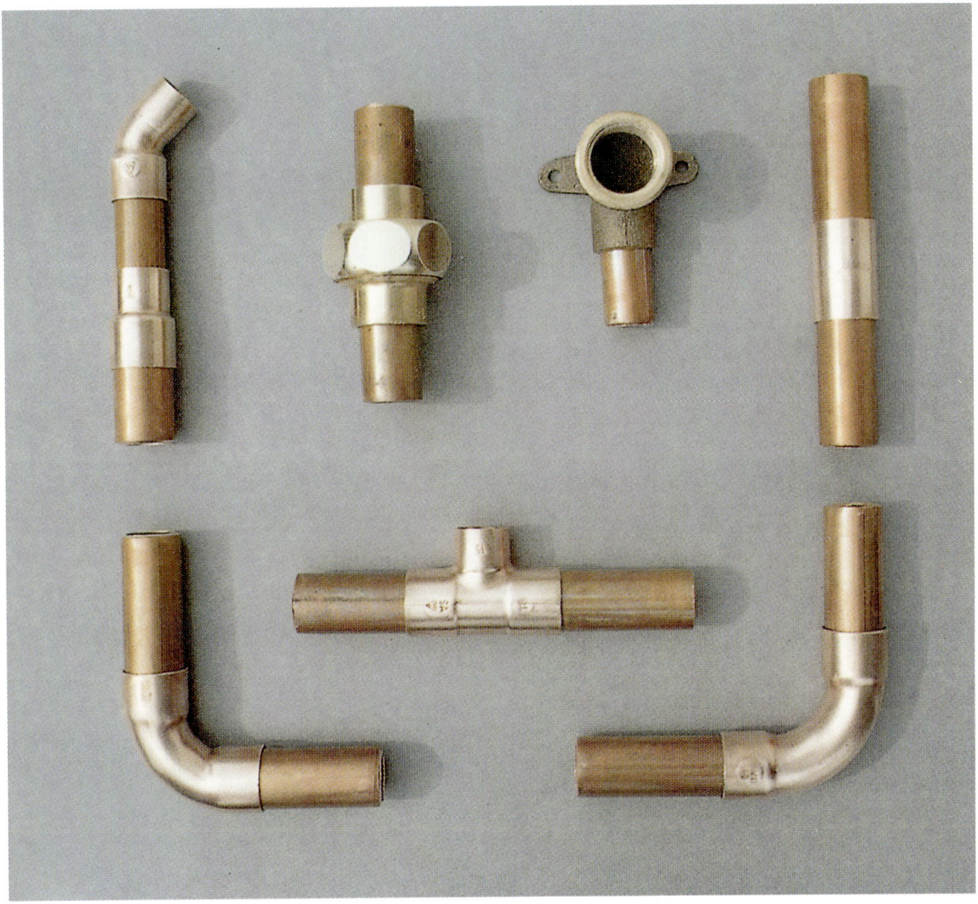

2

Bombas para el suministro de agua de lluvia

A excepción de los sistemas de aprovechamiento de agua de lluvia en los que el suministro a los puntos de toma está garantizado por la fuerza de la gravedad desde un aljibe situado en posición elevada, las bombas resultan imprescindibles para el transporte de agua.

❶ Cuando el agua de lluvia se recoja en una cisterna subterránea y sólo se vaya a emplear para el jardín, bastará con una **bomba de balancín** manual. Esta bomba de émbolo, de construcción sencilla, se fabrica desde hace ya muchas décadas con el mismo diseño. Funciona sin motor, y su forma evocadora constituye un elemento decorativo en cualquier jardín.

No obstante, si para el riego del jardín utilizamos una manguera en vez de la regadera, o si queremos emplear aspersores para césped, será indispensable instalar una **electrobomba** de gran capacidad.

Para el empleo circunstancial en el jardín resultan apropiadas las bombas baratas, que pueden conectarse a cualquier taladro que posea un cuello estándar europeo de 43 mm. Esta clase de bombas, accionadas con un taladro de 450 watios, extraen un máximo de 3.000 litros por hora. Para conseguir que la bomba se mantenga firmemente fija durante el funcionamiento habría que montarla sobre un bastidor de madera.

Las **bombas de circulación** utilizadas en surtidores, arroyos artificiales y equipos de filtrado de los estanques de jardines se pueden utilizar para regar el jardín desde un aljibe. En tal caso resultan especialmente económicas las bombas con motor síncrono monofásico y un rotor con imán permanente.

❷ Para la extracción de agua, en general, de aljibes, etc., son apropiadas las **bombas sumergibles**, que se colocan directamente dentro del agua igual que las bombas para surtidores. La carcasa del motor y el cableado son impermeables a fin de garantizar la seguridad eléctrica. Las bombas sumergibles pueden vaciar los contenedores casi hasta la última gota. No obstante, es preferible colocarlas un poco por encima del suelo para que no aspiren directamente posibles residuos depositados en el agua y se ensucien enseguida.

Las bombas sumergibles están concebidas para extracciones relativamente reducidas, pero en funcionamiento constante transportan entre 5.000 y 15.000 litros por hora. Como conducción de presión a partir de la bomba se puede conectar una manguera o tender una cañería, si la instalación es fija.

①

Un interruptor de flotador hace que la bomba se desconecte antes del vaciado completo del contenedor para que no sufra daños al funcionar en seco.

Para extraer agua de profundidades mayores y generar en la cañería una presión más alta de la que pueden producir las bombas sumergibles, se instalarán bombas centrífugas o de émbolo.

❸ En estas bombas hay que distinguir el modelo de aspiración normal del autoaspirante. La bomba va provista en ambos casos de un tubo de aspiración unido al aljibe. Las bombas de aspiración normal no tienen capacidad para expulsar el aire introducido en el tubo de aspiración. Por eso, la bomba y el tubo de aspiración han de estar siempre llenos de agua antes de la puesta en marcha para que la bomba no funcione en seco y se dañen los cojinetes. En cambio, las bombas autoaspirantes pueden purgarse por su propia fuerza una vez conectadas. De todos modos, antes del primer funcionamiento se deberá

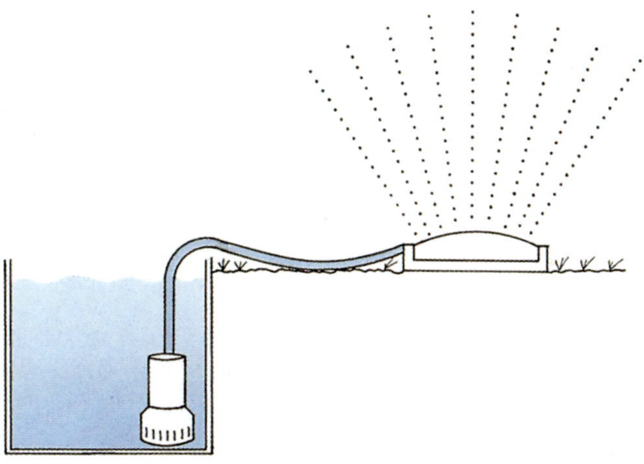

②

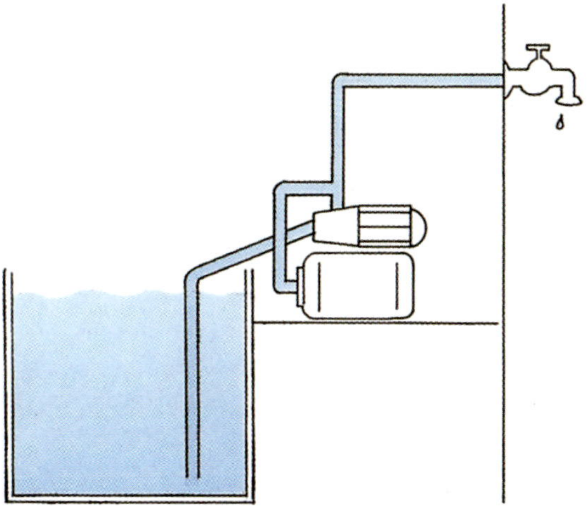

③

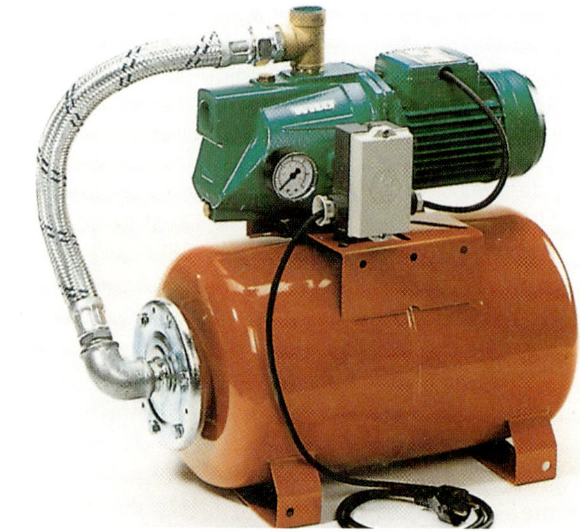

④

⑤

llenar de agua la bomba misma.

❹-❺ La bomba más utilizada hoy en día para el riego del jardín y el suministro doméstico es la **bomba centrífuga,** que funciona según el principio de reacción. Las bombas centrífugas generan en el líquido la presión requerida mediante un rotor que aspira el agua por el centro y la lanza fuera por la acción de la fuerza centrífuga. Una tobera instalada antes del rotor convierte el aparato en una bomba autoaspirante centrífuga de reacción. Las bombas de reacción están en condiciones de responder a cualquier altura de elevación y cantidad de extracción.

❻ Cuando se requiere una capacidad de rendimiento superior, una fiabilidad especial y una vida extremadamente larga, se emplean **bombas de émbolo,** además de las bombas centrífugas. No obstante, las bombas de émbolo son claramente más caras que las centrífugas. Por unas decenas de miles de pesetas se pueden conseguir instalaciones completas para agua de uso doméstico con bomba centrífuga y contenedor.

Pasamos seguidamente al aprovechamiento del agua de lluvia en el hogar. Cuando haya que suministrarla para la limpieza del inodoro y la lavadora, habrá que disponer de una presión constante en la cañería en el punto de toma. El rendimiento de bombeo requerido quedará plenamente satisfecho, en general, con una bomba centrífuga de reacción de 500 a 1.000 watios de potencia.

Pero, como no querremos conectar a mano la bomba en cada momento de utilización, resultará indispensable un mando adecuado. Para ello resulta apropiado un interruptor accionado mediante la presión existente en la tubería de extracción. Cuando se saca agua de un punto de toma desciende la presión del sistema de conducción, y el interruptor automático por aumento de presión pone en marcha la bomba. Una vez alcanzada la presión elegida, la bomba vuelve a desconectarse.

Para impedir en la cañería golpes de presión causados por la alternancia de conexiones y desconexiones, la instalación se completará con un **depósito a presión** colocado después de la bomba. Un manómetro mostrará la presión existente en la cañería. La presión de conexión se situará, según la altura de elevación en el edificio y los aparatos conectados, entre 1 y 3 bares. Para la presión de desconexión se elegirá un valor situado entre 2 y 5 bares.

El recipiente a presión está lleno de aire en más de la mitad de su volumen. Una membrana de goma separa ambas zonas. Cuando la bomba introduce agua a presión en el interior del contenedor metálico, el aire se comprime hasta que el interruptor automático por aumento de presión vuelve a desconectar la bomba. Si a continuación abrimos un punto de toma en el sistema de aprovechamiento de agua de lluvia, la presión del aire comprimido sirve para hacer fluir el agua en un primer momento. La bomba no se pone en marcha hasta que el aire se ha

⑥

vuelto a expandir y la presión del sistema ha caído por debajo del valor elegido, aumentando así de nuevo la presión.

Los depósitos a presión con membrana existentes en el mercado se presentan casi siempre con un volumen entre 4 y 50 litros. Aunque los contenedores mayores poseen también una reserva de presión superior y reducen, por tanto, la frecuencia de activación de la bomba, para posibilitar un funcionamiento correcto del sistema basta por lo general con modelos de una capacidad entre 4 y 8 litros. La presión inicial en el interior de la membrana de goma puede ceder con el tiempo. En tal caso, la bomba se conecta cada vez más a menudo. Una válvula de aire permite elevar de nuevo la presión en la zona de gas del depósito de compensación hasta el valor normal de unos 2 bares.

Actualmente casi no merece la pena construir uno mismo una bomba, un sistema de accionamiento y un depósito a presión. Es mejor comprar un equipo doméstico completo y económico cuyos componentes aparecen ensamblados en una unidad compacta.

Los útiles más importantes

En estas dos páginas encontrará el lector unas descripciones breves del utillaje necesario más importantes para poder construir y utilizar sistemas de agua de lluvia. Las ilustraciones que aparecen bajo el epígrafe «Utensilios», presentado en las correspondientes instrucciones para las diversas tareas, permiten ver qué instrumentos se necesitan en cada una de las operaciones y fases del trabajo.

Herramientas universales

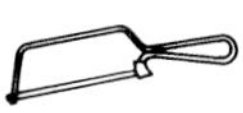

Pequeña sierra para metal: Con hoja de sierra para metal o plástico, para cortar tubos de plástico o cobre, incluidas las tuberías para aguas residuales.

Llave fija: Para atornillar o retener al empalmar tubos de plástico, o al roscar anillos cortantes en tuberías de cobre. Lápiz: para todo tipo de trabajos de marcado.

Tijeras: Para cortes de todo tipo, por ejemplo, de láminas de plástico.

Cutter, portacuchillas: Para cualquier tipo de trabajos de corte, por ejemplo, de láminas para cubrir estanques. Nivel de burbuja: Para la alineación de empalmes entre tubos; por ejemplo, en las cañerías de alimentación y desagüe.

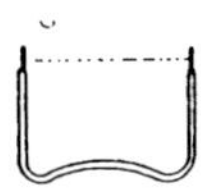

Nivel de agua: Para controlar la altura de puntos muy alejados.

Lima: Para desbarbar todo tipo de cortes, por ejemplo, en tubos de hierro, cobre y plástico.

Brocha: Diversos modelos; por ejemplo, para aplicar fundentes en la soldadura de tubos de cobre; para extender el adhesivo en el pegado de tubos de PVC; en la aplicación de sustancias de sellado al soldar láminas para recubrimiento de estanques.

Utensilios para trabajar la tierra

Pala cuadrada: Para excavar la tierra con el fin de enterrar tanques o cisternas sepultadas de hormigón o plástico.

Pala redonda: Para extraer tierra suelta con el fin de enterrar tanques sepultados, y para rellenos con tierra; para el modelado fino del terreno en la construcción de un estanque de recogida de agua.

Utensilios para trabajos de albañilería

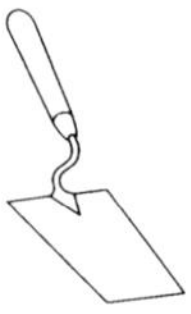

Paleta de albañil: Para mezclar pequeñas cantidades de mortero; para aplicar mortero a los anillos de hormigón; para impermeabilizar y cimentar los anillos de hormigón.

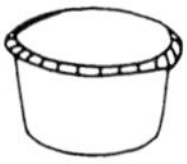

Cubo para el mortero: Para el amasado y transporte de pequeñas cantidades de mortero.

Herramientas para uniones de tubos de plástico

Sierra metálica; a veces, brocha; llave fija.

Herramientas para soldar tubos de cobre

Además de la sierra de metal, se utilizan sobre todo la lima y la brocha.

Candileja: Para calentar los lugares de soldadura en los tubos de cobre.

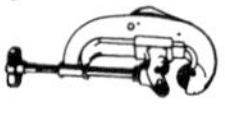

Cortatubos: Para recortar tubos de cobre en ángulo recto antes de la soldadura; produce un corte más limpio que la sierra de metal.

Lana de acero: Para limpiar los lugares que se van a soldar.

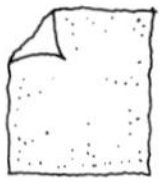

Trapos: Para retirar restos de líquidos.

Cómo calcular correctamente los sistemas de aprovechamiento del agua de lluvia

En el capítulo dedicado a los principios generales de planteamiento hemos esbozado ya las bases de cálculo para un sistema de aprovechamiento eficiente del agua de lluvia.

Las magnitudes básicas que sirven de guía para determinar las dimensiones de la instalación son la necesidad y la producción de agua de lluvia.

La utilización de agua de lluvia para la limpieza del inodoro da como resultado una necesidad de 25 litros diarios por persona. Para el lavado de la ropa con agua de lluvia se pueden calcular otros 25 (también por día y persona). El riego del jardín supondrá cantidades de agua muy diversas. Como cifra aproximativa se pueden proponer 60 litros anuales por metro cuadrado de jardín.

Si tomamos como punto de partida una familia de tres miembros con un jardín de 200 m^2, las necesidades resultantes son las siguientes:

– 3 personas x 50 litros x 365 días = 54.750 l/año

– 200 m^2 de jardín x 60 l = 12.000 l/año

– Total = 66.750 l/año.

Si para la recogida del agua de lluvia disponemos de una superficie de 120 m^2, con un coeficiente de desagüe (véase página 23) de 0,75 y unas precipitaciones medias de 800 mm/m^2 anuales, el resultado de la producción de agua de lluvia será el siguiente:

– 120 m^2 x 0,75 x 800 l = 72.000 l

Así pues, frente a una necesidad de unos 67 m^3 tenemos una producción de agua de lluvia de 72 m^3.

En caso de que la demanda no supere o sea inferior a la producción en más de un 20%, el tamaño del aljibe habrá de situarse en torno a un 5% de la obtención de agua de lluvia. Ello significaría en nuestro ejemplo de cálculo un recipiente con un contenido de 3,6 m^3.

Si la diferencia entre producción y demanda de agua de lluvia es mayor, la capacidad del aljibe equivaldrá sólo a un 3% de dicha producción. Si la familia del ejemplo renunciara a hacer la colada con agua de lluvia, el volumen resultante sería de 2,16 m^3.

Tendido de las cañerías de afluencia de agua de lluvia

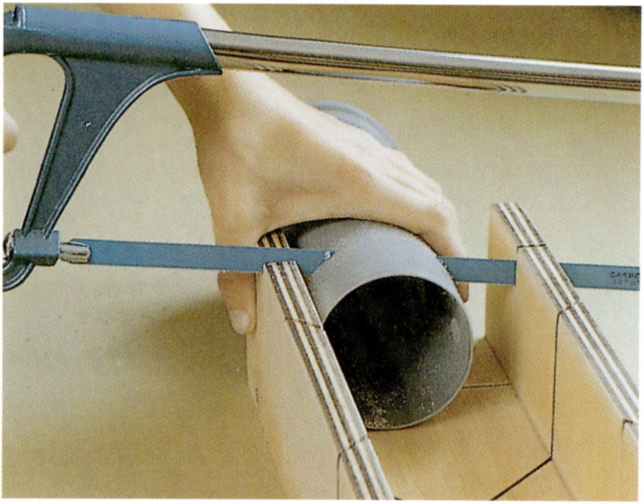

①

②

Para las conducciones al depósito de agua de lluvia que no se hallen bajo presión se emplearán tubos de plástico como los utilizados en las conducciones de aguas residuales.

En la mayoría de los casos los tubos utilizados serán los de alta presión (AT), de color gris. El sistema de empalmes con **juntas de goma** permite trabajarlos con especial comodidad.

Existen tubos con juntas de goma incorporadas, y tubos en los que se ha de colocar previamente un anillo especial de goma en rollo.

Las piezas de ajuste se recortarán en el lugar del montaje.

❶ Para realizar el corte limpio y en ángulo recto se recomienda emplear una caja para ingletes. Utilice una sierra fina para metal o una hoja especial para plástico.

❷ El corte resulta basto, incluso después de realizar un trabajo cuidadoso. El canto se alisará, pues, con una lima, que se pasará ligeramente al bies por la cara exterior para poder encajar con facilidad el extremo del tubo en el manguito previsto sin dañar la junta o el anillo de goma.

❸ Para que el extremo del tubo se deslice bien por la junta de goma colocada con tirantez, se extenderá sobre el anillo de goma un **lubricante** especial. Como alternativa se puede emplear un detergente para vajillas que facilite el deslizamiento.

❹ A continuación se podrán encajar los tubos a tope mediante presión y un leve giro.

Si los anillos de goma no están firmemente encajados, se habrá de tener especialmente en cuenta que el anillo no se desplace al presionar las dos piezas, pues se puede perder estanqueidad por ese punto.

Los tubos AT para las instalaciones de recogida de agua de lluvia deberán colocarse siempre, como en la aplicación para las aguas residuales, con una **pendiente** de, por lo menos, 1 a 2 cm por 1 m de largo de tubo. La pendiente se puede comprobar fácilmente con un nivel de burbuja, colocando en un extremo del utensilio de medición un bloque del grueso correspondiente.

En el exterior y en las instalaciones enterradas se utilizarán tubos de color teja para aguas residuales (AR), que se recortarán, limarán y encajarán de la misma manera.

③

④

Corte y soldadura de tubos de cobre

①

③

②

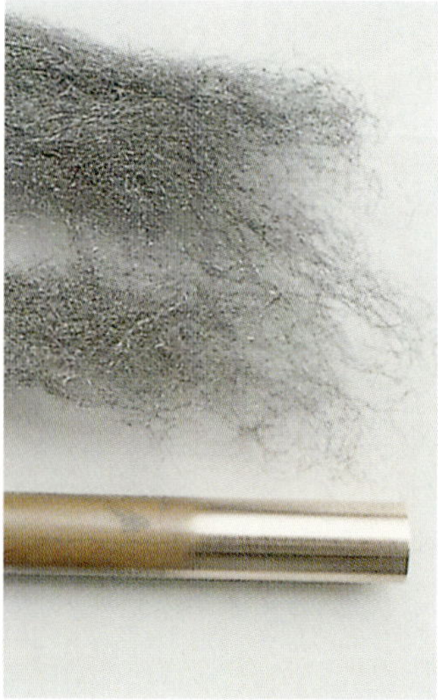

④

Los tubos de cobre se recortarán con la sierra para metal o con un cortatubos.

❶ Los tubos se deberán fijar para la operación de corte con sierra. Se recomienda utilizar mordazas de sujeción para tubos con el fin de que no se deformen sus paredes, relativamente ligeras.

❷ No obstante, se pueden conseguir cortes particularmente limpios si se utiliza un **cortatubos** especial. Esta herramienta posee una ruedecilla cortante que se puede presionar contra el tubo dando vueltas a un husillo; a continuación se hará girar la herramienta una vez en torno al tubo. Seguidamente se tensará el husillo de nuevo y se volverá a girar. Este procedimiento se repetirá hasta que la ruedecilla cortante haya atravesado la pared del tubo.

❸ El cortatubos está provisto de un dispositivo que permite rebarbar el lugar de corte. Coloque la herramienta y gírela con una presión ligera hasta que haya desaparecido la rebarba.

❹ ❺ Para unir tubos de cobre se emplea la técnica de la soldadura blanda.

Las superficies que se van a soldar deben estar libres de óxido, es decir, han de ser de **metal limpio**. El extremo del tubo se limpiará cuidadosamente por fuera con lana de acero; la correspondiente pieza de empalme se limpiará por dentro.

❻ A continuación aplicaremos el **fundente** (pasta de soldadura), que impide la formación de nuevas capas de óxido durante el calentamiento. Seguidamente, se empalmarán el tubo y la pieza de unión. Entre ambas partes se deja una fina hendidura capilar en la que se introducirá el estaño.

❼ El utensilio más apropiado para calentar los lugares de unión es una **candileja** con cartuchos de gas de recambio. Caliente el metal hasta la temperatura de trabajo mediante una llama suave. Una parte del fundente se

⑤

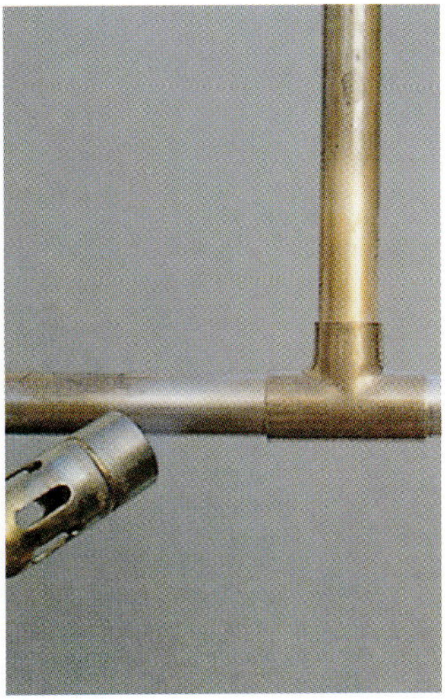

⑦

⑥

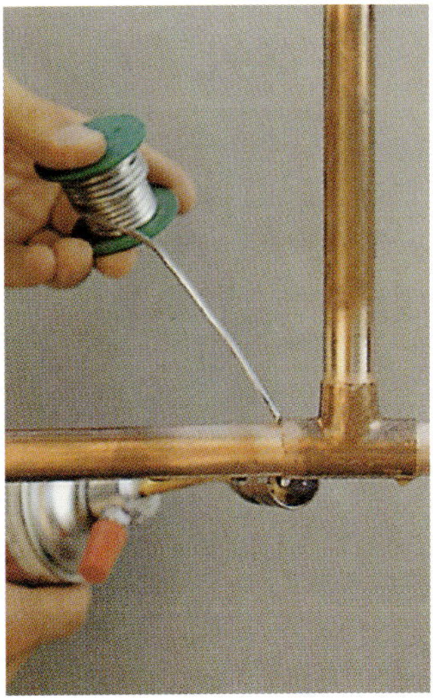

⑧

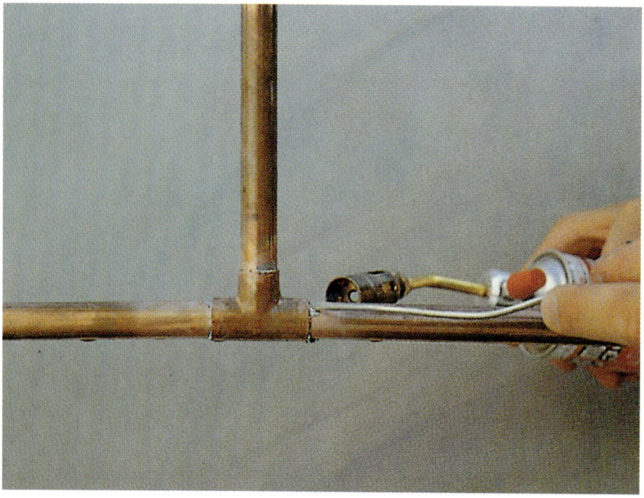

⑨

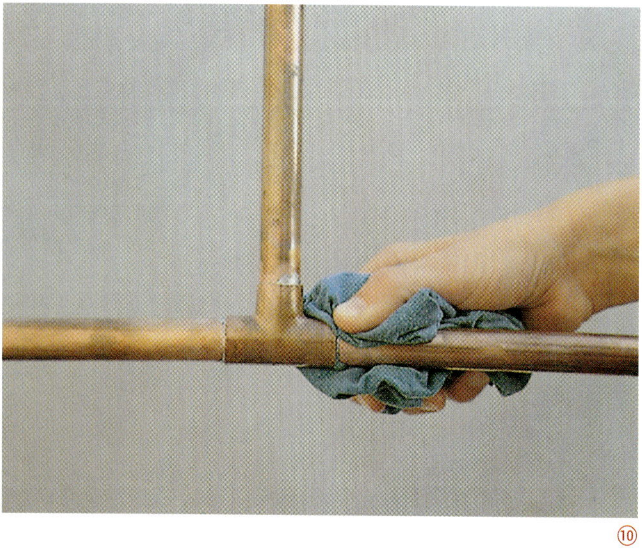

⑩

evaporará formando finas nubecillas.

❽ Una vez que el tubo y la pieza de empalme se hallen a la misma temperatura, retire la llama y mantenga el **alambre de estaño** en la ranura de soldadura, entre las partes que se van a unir. La acción capilar hará que el estaño fundido fluya por la hendidura fina e impregne toda la superficie de unión. En uniones perpendiculares, el estaño fluirá incluso hacia arriba.

❾ Si hay que realizar varias uniones en una pieza de empalme, como en el caso de la ilustración, será conveniente hacerlas, dentro de lo posible, en una sola operación. El calentamiento posterior de una zona de soldadura puede hacer que el estaño se queme y la unión vuelva a soltarse.

❿ Una unión por soldadura bien realizada se reconoce porque presenta en torno un anillo cerrado de estaño. Sólo podremos someterla a esfuerzos una vez que se haya enfriado bien el lugar de soldadura.

Los restos de pasta de soldadura se enjugarán con un trapo, pues favorecen la corrosión de los tubos de cobre.

Al trabajar con tubos de cobre encamisados deberemos cortar y retirar el aislamiento a unos 10 cm del lugar de soldadura. De lo contrario, el calentamiento del metal fundiría o quemaría la camisa. Las zonas de soldadura limpias se volverán a aislar después.

Los tubos de cobre se pueden unir también mediante **racores con casquillo de filo cortante.**

Estos racores se consideran, no obstante, menos firmes que las uniones soldadas.

Empalme de tubos de plástico

❶ Los tubos de plástico se pueden cortar con una sierra de dientes finos para madera o metal. Las rebarbas formadas se eliminarán luego con un cuchillo afilado.

Los tubos de plástico son insensibles a la agresión del agua. Por eso resultan especialmente apropiados para el agua de lluvia que, con su bajo valor de pH, constituiría un grave riesgo de corrosión para los tubos metálicos.

❷ Los tubos de polietileno reticulado se empalman de forma mecánica mediante manguitos de apriete o de pinza. Para los tubos de PVC para agua existen también accesorios metálicos para atornillar.

Al realizar la operación de atornillado habrá que retener mediante unas tenazas o una llave la pieza de tubería con torsión fuerte a fin de que no se afloje la unión ya afianzada.

❸ Los tubos de plástico se pueden combinar con otros materiales. Existen piezas especiales para los pasos, provistas, por ejemplo, de manguitos para soldar o con roscas de acero con casquillo.

El PVC se puede pegar también con cola. Las dos superficies que se van a encolar se desengrasarán cuidadosamente mediante un limpiador especial para PVC. Seguidamente se extenderá con una brocha una capa fina y regular de adhesivo para PVC sobre las superficies de unión del tubo y los accesorios. El adhe-

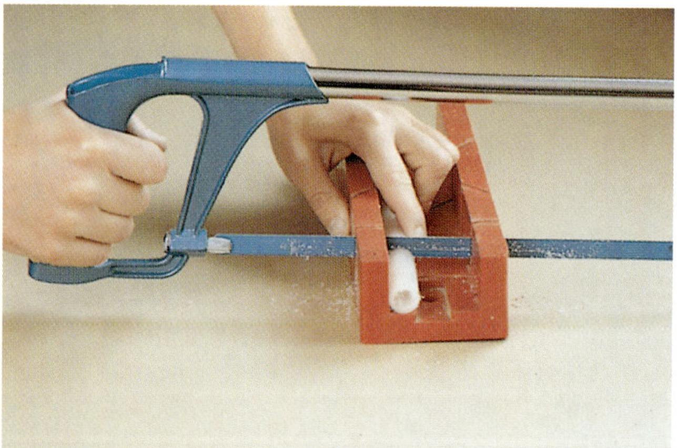

①

②

sivo disuelve la superficie del plástico.

A continuación encajaremos las dos partes sin girarlas. La unión estará seca al cabo de unos cinco minutos. Las uniones de PVC mediante adhesivo son especialmente válidas porque el material de ambas partes experimenta una unión molecular en el lugar de pegado. La soldadura conseguida forma, por así decirlo, una pieza homogénea.

Las tuberías de polipropileno para agua no se pegan sino que se funden entre sí por calentamiento. Para ello se necesita un aparato calefactor especial sobre el que se coloca al mismo tiempo el extremo del tubo y el manguito del accesorio de cañería. Tras alcanzar la temperatura de fusión, se retiran ambas piezas y se encajan enseguida. Una vez enfriadas, se habrá producido una fusión indisoluble del material.

Cuando se utilice esta técnica, las partes de acceso difícil situadas en rincones deberán prepararse de antemano lo más completamente posible, pues el aparato calefactor requiere un espacio relativamente amplio.

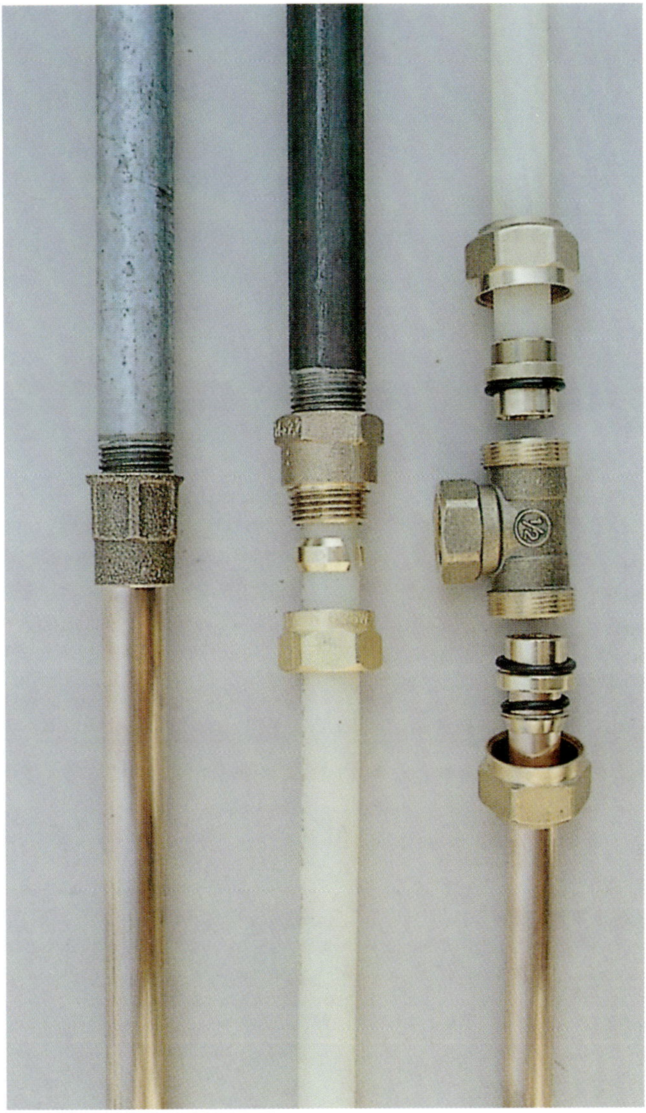

③

Cubos para el agua de lluvia y depósitos de recogida

MATERIAL

Cubos para agua de lluvia o anillos de hormigón, manguera de alimentación, colector de agua de lluvia, hormigón, pasta de cemento impermeabilizante.

ÚTILES

GRADO DE DIFICULTAD

FUERZA REQUERIDA

DURACIÓN DEL TRABAJO

De 5 a 10 horas, según las condiciones del terreno y las dimensiones de la instalación.

AHORRO

El ahorro oscilará entre 102 y 204 €, según el tipo de instalación.

Si sólo queremos utilizar el agua de lluvia, que no cuesta dinero, para el riego del jardín y de las flores, nos bastará perfectamente con un cubo de recogida, una tina grande de amasado o un ajibe realizado con un anillo de hormigón a modo de contenedor. Para llenar el depósito de agua de lluvia podemos colocarlo directamente junto a la bajante e insertar en la cañería una trampilla accionada a mano para el agua de lluvia.

Las trampillas de PVC para la lluvia se venden en color gris y marrón. Existen en diámetros de 70 o 100 mm.

1 Para su montaje sostendremos el extremo inferior de la trampilla para agua de lluvia junto a la parte de la bajante en la que se encajará más tarde. Luego marcaremos el tubo a la altura del manguito situado en el extremo superior de la pieza para cortarlo por ese punto. Seguidamente retiraremos la sección del tubo y la recortaremos a la longitud correspondiente con una sierra para metal. A continuación insertaremos la trampilla para el

①

②

③

④

agua de lluvia y volveremos a fijar la bajante en la pared mediante la abrazadera.

2 En vez de una trampilla de accionamiento manual para la lluvia se puede montar también un colector de agua de lluvia de funcionamiento automático. El colector de agua de lluvia requiere una abertura de encaje más pequeña. Para ello recortaremos una sección de bajante correspondientemente menor. Si el colector va a servir al mismo tiempo de rebosadero, el anillo de recogida se deberá colocar en su interior, escasamente por debajo del nivel máximo del agua.

3 Un sucedáneo económico y sólido del cubo y el depósito para recogida de agua de lluvia fabricados en plástico son los anillos apilables de hormigón para alcantarillado. La junta se habrá de impermeabilizar con mortero.

4 El anillo para alcantarillado se rehundirá ligeramente en tierra en el lugar previsto. A continuación se proporcionará una buena estanqueidad al suelo interior, que se cerrará con una capa de hormigón de unos 10 cm. El hormigón se habrá de mezclar con cuidado para que no se formen nidos porosos de guijarros. La estanqueidad del hormigón se consigue por apisonamiento. Habrá que trabajar con especial cuidado en los bordes para que no se produzcan filtraciones en el depósito de recogida. Se recomienda una impermeabilización interior con pasta de cemento impermeabilizante.

Como alternativa, se puede recubrir también el anillo con una lámina de plástico.

Estanque de recogida para agua de lluvia de buena calidad

MATERIAL

Lámina para recubrimiento de estanques, manta de fieltro, arena, disolventes para sellado.

ÚTILES

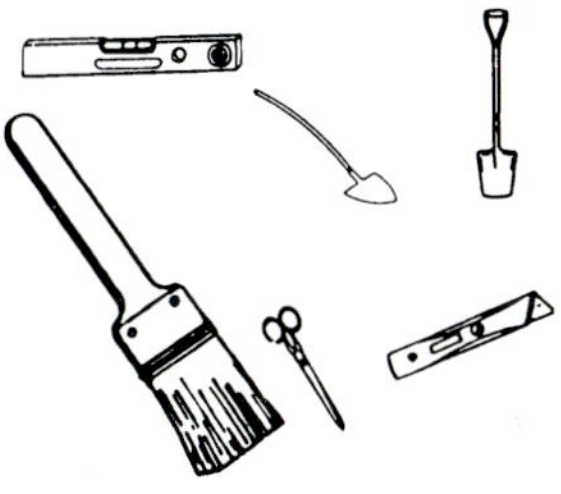

GRADO DE DIFICULTAD

FUERZA REQUERIDA

DURACIÓN DEL TRABAJO

De 15 a 30 horas, según las dimensiones y el empleo de maquinaria.

AHORRO

El ahorro oscilará entre 240 y 750 €, según las dimensiones y el empleo de fuerza muscular.

Una alternativa a los aljibes de obra o de hormigón son los estanques de tierra con revestimiento de lámina como depósito para el agua de lluvia. La conducción del agua se puede realizar mediante tuberías y mangueras desde los tejados próximos o, como en el ejemplo mostrado, recogiendo el agua vertida por una cubierta de invernadero que llega hasta el suelo. Un cercado de piedras naturales da al estanque de recogida un bello aspecto. La colocación de plantas en la balsa hace que el agua no se contamine con un desarrollo fuerte de algas.

Una vez fijada la posición y el contorno del estanque, se iniciarán los trabajos de movimiento de tierra. Es importante prestar atención al modelado de la forma de la balsa y volver a impermeabilizar de nuevo el suelo concienzudamente. El agua que fluya en ella ejercerá una notable presión sobre la estructura del fondo. Si la tierra cede, la lámina se verá sometida a tensiones y acabará por rasgarse.

Es igualmente importante recubrir la lámina en la orilla. Los plásticos que quedan a la vista se vuelven quebradizos y pierden estanqueidad por la irradiación ultravioleta del sol. El mejor tipo de cobertura es la formada por césped de ribera y piedras naturales.

①

❶ Según las dimensiones de la excavación, será necesario remover considerables cantidades de tierra para construir un estanque recubierto de láminas. De todos modos, si en el proceso de construcción de un edificio o en el curso de una gran reforma se

②

introducen en el terreno excavadoras o cargadoras sobre ruedas, deberemos realizar al mismo tiempo el trabajo en bruto de la excavación. De lo contrario, merecerá la pena considerar la posibilidad de alquilar una miniexcavadora que podríamos utilizar nosotros mismos.

❷ El acabado se llevará a cabo a continuación trabajando a mano con azada y pala. Se retirarán las piedras más gruesas y, aunque la lámina de recubrimiento se vaya a proteger con material de fieltro, será recomendable cubrir el fondo bien impermeabilizado con una capa de arena.

❸ Al comprar la lámina de recubrimiento deberíamos prestar atención a su calidad e idoneidad medioambiental. Todas las láminas de plástico tienen la penosa característica de volverse agrietables y quebradizas por la acción de la luz y los cambios de temperatura. Esa es la razón de que se añadan plastificantes y estabilizadores al polietileno y a las láminas de PVC destinados a la construcción de estanques. Las láminas se estabilizan en parte empleando cadmio, un metal pesado. Por tanto, lo mejor es comprar una lámina identificada expresamente como libre de cadmio.

Las láminas de caucho que se encuentran actualmente en el mercado son más caras que las de polietileno y las de PVC, pero, en cambio, no contienen ningún tóxico.

Aunque el fondo de la balsa se prepare con el máximo cuidado, no se pueden excluir del todo posteriores inconvenientes a causa de las raíces. Por eso, al elegir la lámina habría que optar por el máximo grosor posible, preferiblemente de 1 mm, por lo menos.

❹ En caso de que la lámina comprada en rollo sea demasiado ancha, se puede recortar aproximadamente antes de su colocación a fin de utilizar los restos para otros posibles proyectos, como pequeños depósitos de agua adicionales.

Colocando la lámina sobre una tabla y cortán-

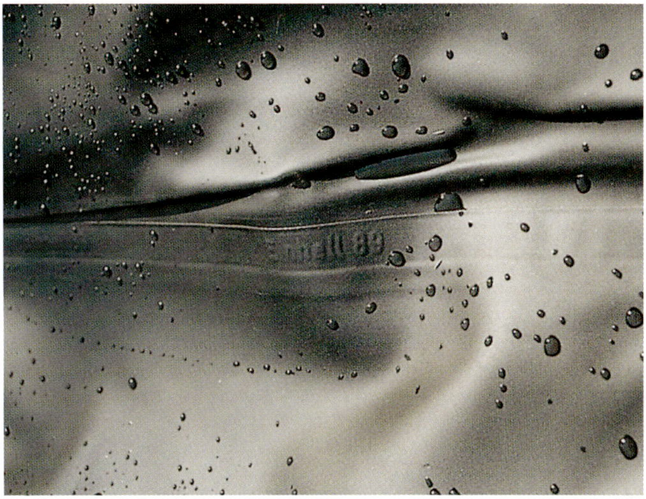

③

④

⑤

dola a lo largo de una lama de metal conseguiremos un corte limpio.

5 Cuando se hayan de preparar estanques para los que no alcance el ancho de la lámina, se podrán encargar medidas especiales al fabricante. En tal caso, la lámina soldada ha de ofrecer plenas garantías. No obstante, con un poco de habilidad podemos soldar nosotros mismos las piezas de lámina. Para ello deberemos limpiar cuidadosamente las zonas de unión, que se solaparán unos 5 cm.

6 Las piezas individuales, preparadas de antemano, se extenderán lisas una junto a otra y se pegarán solapándolas. La soldadura con disolvente se aplicará mediante una brocha plana a las bandas de la lámina que se solapen. Con esta técnica habremos de trabajar previamente por partes, fijando el borde ya pegado por medio de pesos (tejas, sacos de arena u objetos similares) colocados a intervalos regulares. El borde soldado se sellará, finalmente, con un material especial.

6

7

8

⑨

❼ Una vez preparados la lámina y el fieltro en las cantidades aproximadamente requeridas, comenzaremos la tarea colocando el fieltro blando y protegido contra la corrosión a modo de acolchado para la lámina. Si se requieren varias capas, se habrá de solapar el fieltro sin escatimar material.

❽ A continuación se extenderá la lámina para estanques sobre el acolchado ya dispuesto. Esta tarea se realizará preferentemente un día cálido de verano, pues la lámina tendrá entonces una consistencia especialmente blanda y amoldable. Es importante que, al principio, la lámina sobresalga por los bordes de forma regular; más adelante se recortará el material sobrante.

❾ Una vez extendida la lámina de forma regular, se colocará el sustrato para las plantas, dejando luego fluir el agua con cuidado hasta alcanzar el nivel deseado.

❿ Finalmente, se consolidará la orilla con piedras naturales y se levantará el

⑩

invernadero, que, en este caso, dejará correr directamente al estanque el agua de lluvia que caiga sobre su cubierta.

Los estanques que recogen el agua de lluvia de los tejados pueden integrarse también directamente en la configuración exterior de los edificios. En el ejemplo mostrado aquí, la balsa de recogida de agua de lluvia enmarca la casa por dos flancos. La bajante que llega desde el tejado termina directamente en el agua. En esta composición se deberán impermeabilizar con cuidado los cimientos del edificio. Un rebosadero hace que la altura del agua del estanque no supere nunca un nivel máximo.

Cualquier concentración de agua al aire libre constituye una fuente de peligros que no debemos subestimar. Los niños pequeños, sobre todo, se pueden ahogar en estanques relativamente poco profundos a causa de alguna caída desafortunada. Siempre que algún niño pequeño tenga acceso inmediato a una balsa, deberemos instalar un sistema de protección, por ejemplo, con un cercado o mediante la colocación de un enrejado de trama estrecha, colocado un poco por debajo de la superficie del agua, que resulte apenas visible y pueda, no obstante, detener con seguridad una caída. Las orillas deberían entrar en el agua en un ángulo suave, con el fin de que el estanque no se convierta en una trampa mortal para los animales. Cuando esto no sea posible se podrá aplicar al borde una tabla que sirva de ancla de salvación para los animales.

Aljibe con bomba manual de balancín

Tal como hemos visto, los colectores de agua de lluvia encajados en la bajante que parte del canalón alimentan mediante una conexión con manguera o tubo contenedores para lluvia colocados incluso a cierta distancia. El aljibe que presentamos aquí, realizado con anillos de hormigón, resulta especialmente atractivo. Se levanta en medio del jardín y es abastecido desde la apartada cubierta de una casa a través de una conducción de manguera, enterrada y protegida contra heladas. Una bomba manual de balancín, de aspecto evocador, eleva el agua para llenar un cubo o una regadera.

El depósito de agua se asemeja a una fuente. Cuando el nivel freático sea lo suficientemente alto, se puede optar por un montaje igual a éste. Debajo de la bomba manual de balancín hay un cilindro incrustado en el suelo y compuesto por varias piezas unidas. El filtro de pozo abisinio se puede introducir hasta una profundidad máxima de siete metros con el fin de alcanzar la capa de aguas subterráneas. En el jardín mostrado aquí, la capa freática se halla a mayor profundidad, por lo que se ha optado por la lluvia recogida del tejado como fuente de suministro de agua. Una manguera de aspiración llega hasta la bomba desde el fondo del contenedor y a lo largo de los anillos del pozo.

①

1 Para construir el depósito para el agua de lluvia necesitaremos dos anillos de hormigón, masilla impermeabilizante, una bomba manual de balancín con manguera

MATERIAL

Anillos de hormigón para pozos, mortero, hormigón, bomba manual de balancín, manguera aspirante, manguera de alimentación, tirafondos, silicona, pasta de cemento impermeabilizante, revestimiento de madera.

ÚTILES

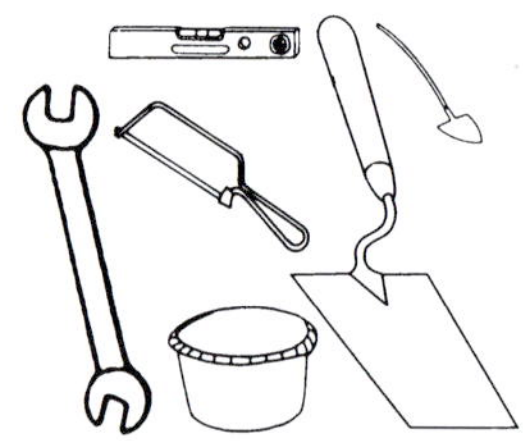

GRADO DE DIFICULTAD

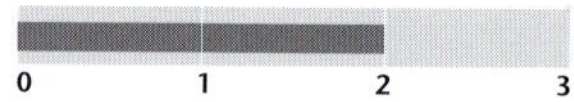

FUERZA REQUERIDA

DURACIÓN DEL TRABAJO

De 15 a 25 horas, según el tamaño del aljibe.

AHORRO

El ahorro oscilará entre 240 y 510 €, según el tamaño del aljibe.

aspirante y una cañería hasta el colector de agua de lluvia colocado en la bajante de la casa.

El volumen de almacenamiento de los anillos de pozo elegidos aquí se eleva a unos 500 litros. El cálculo se realiza con el radio, la altura y la constante «pi», según la fórmula: radio^2 x altura x 3,14 (número «pi»). Los dos anillos de hormigón tienen un diámetro de 80 cm y una altura de 50 cm.

Las necesidades de agua de lluvia dependen de las dimensiones del jardín y de las características del suelo y las plantas. Para regar un pequeño huerto basta con el volumen escogido aquí. Pero su tamaño se puede ampliar con facilidad encajando tres o cuatro anillos y sepultándolos a la correspondiente profundidad.

❷ Una vez determinada la ubicación del aljibe, se excava la cimentación, se nivela y se impermeabiliza.

❸ El anillo inferior se puede rehundir aún un poco zapando el terreno. Si se introduce en tierra hasta la mitad, el contene-

②

③

④

dor alcanzará una altura de unos 75 cm.

❹ Para la unión con la bomba manual de balancín prevista junto al contenedor se tenderá una manguera aspirante por debajo del anillo de hormigón dirigiéndola hacia afuera, hasta el cimiento previsto para el zócalo de la bomba. Desde el colector de agua de lluvia se tenderá una segunda manguera o un tubo de plástico hasta el contenedor.

Una variante consiste en sepultar enteramente el contenedor en tierra y cubrirlo con una plancha. En este caso, la bomba se monta sobre la cubierta y la manguera aspirante se lleva directamente hasta el agua situada debajo.

❺ A continuación se pasa al montaje del pie de la bomba. Para ello se requiere una zapata hormigonada. En torno al tubo de aspiración se hace un encofrado y se llena de hormigón. El tubo de aspiración deberá sobresalir del centro.

Luego se introduce con cuidado el pie de la bomba

en el tubo de aspiración y se presiona la placa del pie contra el hormigón, aún blando, se endereza y se tira de él nuevamente hacia arriba. El pie de la bomba ha dejado ahora una huella en el hormigón fresco. En el lugar donde queden marcados los puntos de anclaje, se introducirán tirafondos en el hormigón. Una vez endurecida la cimentación, se inserta el pie de la bomba por los tornillos y se fijan éstos por medio de tuercas.

⑤

❻ En el siguiente paso de la tarea se coloca el segundo anillo de hormigón. Para ello se comienza extendiendo mortero en la junta de unión del primer anillo. Si se cuenta con la colaboración de varios ayudantes, resultará más fácil conseguir que el anillo se desplace de forma regular hasta la junta con mortero.

⑥

❼ Finalmente, se vuelve a revocar con cuidado la junta desde el interior. También se puede echar ahora el suelo del aljibe. La capa de hormigón, de unos 10 cm de grosor, recibirá, a modo de armadura,

⑦

⑧

un emparrillado de acero. La forma más indicada para la junta del borde es la de media caña. Los dos extremos de la manguera de conducción de agua de lluvia y de la tubería hacia la bomba deberán terminar libres y sin impedimentos por encima del nivel del suelo.

❽ Antes de montar la bomba sobre el pie, se recortará la manguera de aspiración a la medida correcta y se le aplicará silicona. La manguera debe encajar en la bomba herméticamente, sin permitir el paso de aire.

❾ A continuación, atornillar entre sí las bridas del pie y de la bomba y comprobar el funcionamiento de esta.

❿ Antes de dejar fluir la primera agua de lluvia al contenedor deberemos tratar con pasta de cemento estanco o pintura impermeabilizante el suelo y la tina, pues de lo contrario son de temer pérdidas considerables.

⓫ Para dar una apariencia un poco más atractiva a

⑨

⑩

⑪

12

los tristes anillos de hormigón se puede recubrir el conjunto con una caja de madera cepillada. Para proteger la madera contra la putrefacción se ha de procurar mantener entre el recubrimiento y los anillos de hormigón una separación que garantice suficiente ventilación. Se puede proporcionar a la madera una protección adicional mediante una laca transparente y no tóxica.

⓬ Puesto que cualquier contenedor de agua de bordes perpendiculares puede representar un peligro para los niños pequeños y los animales, deberemos preparar también una tapa que protegerá, además, la reserva de agua de la entrada de luz, impidiendo así la formación de algas.

Esa tapa evitará también la suciedad por excrementos de aves y la caída de hojas. Para impedir que se obturen la manguera de aspiración y la bomba y se formen materias en putrefacción en el contenedor, será necesaria una filtración adecuada. En ese sentido, el colector de agua de lluvia situado en la bajante debería retener asimismo partículas finas de suciedad.

Aljibe de hormigón armado

MATERIAL

Depósito de hormigón, mortero, cañerías de alimentación y rebosamiento, conducciones aspirantes.

ÚTILES

GRADO DE DIFICULTAD

0 1 2 3

FUERZA REQUERIDA

0 1 2 3

DURACIÓN DEL TRABAJO

De 15 a 20 horas, según las condiciones del terreno.

AHORRO

El ahorro oscilará entre 240 y 510 €, según el empleo de trabajo muscular o de maquinaria.

Si se desea utilizar agua de lluvia no sólo para el jardín, sino también para la limpieza de los inodoros de la casa y para la lavadora, se necesitará una capacidad de almacenamiento de varios metros cúbicos.

Cuando en una nueva construcción se vaya a abrir el pozo para la bodega, la excavadora podrá cavar otra fosa para alojar un aljibe enterrado. La cisterna sepultada en el exterior garantizará un almacenamiento del agua en frío y sin algas; además, las habitaciones del sótano se podrán dedicar a otras finalidades.

La posición más favorable del contenedor de agua de lluvia se determinará de acuerdo con el arquitecto que fije el tendido de las cañerías de desagüe en el terreno. Al hacerlo hemos de pensar en las posibilidades de acceso para el camión grúa. En caso de duda, ajuste el plano de situación con la empresa suministradora.

Si el lugar óptimo para el enterramiento del depósito cae fuera de los 4 m del alcance de giro del camión

①

②

③

④

grúa, deberá solicitar el asesoramiento de una empresa local de excavaciones que hallará, sin duda, un modo de llevar el contenedor hasta la posición deseada con la ayuda de una excavadora pesada o una grúa móvil.

❶ La fosa para el aljibe se excavará de acuerdo con la profundidad del contenedor. La tapa practicable habrá de coincidir luego con la máxima exactitud posible con el nivel de la pieza exterior.

El diámetro de la fosa deberá ser de 0,5 a 1 metro mayor que el diámetro interior del aljibe de hormigón armado, para que éste se pueda girar y depositar sin problemas.

La base de la fosa se allanará a nivel y a escuadra. Se han de retirar las piedras gruesas. Para que el aljibe enterrado se apoye de forma regular y no sufra daños, se debería rellenar el suelo con una capa de arena de hasta 20 cm de espesor.

Las paredes laterales de la fosa deberán ser estables. Antes de introducir el contenedor en tierra, se bombeará la posible agua freática o superficial.

❷ El día acordado para la entrega se mantendrá libre el acceso para el camión grúa. El proveedor podría calcular algún posible día de espera, que habrá de cargase en su cuenta. Al hacer el encargo, piense que a los precios de catálogo para aljibes se sumarán también los del transporte, calculados según la distancia al lugar de las obras y que, en el caso de contenedores de gran tamaño, pueden ascender a 170.000 pesetas, o incluso más.

Cuando el camión grúa se presente en el lugar de las obras, sacará los apoyos laterales y asirá con el gancho el contenedor de hormigón. En primer lugar, se introducirá en la fosa la parte cilíndrica que constituye el aljibe propiamente dicho.

❸ En cuanto el contenedor se halle fijado en la posición determinada habrá llegado el momento del trabajo del propietario. Hay que limpiar, humede-

⑤

⑥

⑦

⑧

cer y dar una capa de mortero al rebaje de unión entre la cuba, sin juntas, y el cono que se superpondrá después.

Si queremos mezclar nosotros mismos el mortero, deberemos prepararlo en una proporción de 1:2 (cemento y arena). Se ha de elegir una arena de grano 0/3 y remover el mortero hasta que adquiera consistencia plástica. No debe estar demasiado fluido, pero tampoco demasiado seco. La adición de una sustancia impermeabilizante nos garantizará que posteriormente no se pierda ni una gota de agua por la junta.

❹ Una vez preparada la junta de mortero, la grúa enganchará el cono para colocarlo encima de la cuba. En esta operación se requiere, por lo menos, un ayudante que dirija el cono en el momento de su descenso para que no se corra el mortero. Hemos de tener también cuidado de que las entalladuras abiertas para los empalmes de los tubos se orienten en la dirección prevista.

5 Una vez asentado el cono, se alisarán desde fuera las juntas de mortero. Seguidamente se puede comenzar a rellenar la fosa con tierra desde todas partes de forma regular. Las paredes del contenedor no han de entrar en contacto con piedras de gran tamaño.

6 Una vez llena la fosa hasta la altura del empalme con la cañería, pasaremos a la colocación de la acometida y del rebosadero. En primer lugar, insertaremos el tubo de la conducción de rebosamiento y lo uniremos con la conexión hacia el alcantarillado.

7 La toma de agua para el aljibe, unida directamente a la bajante, se introducirá en el cono inmediatamente por encima del tubo de rebosamiento. En la acometida se podrá interponer un antefiltro grueso según el aprovechamiento previsto para el agua de lluvia. Este componente, realizado igualmente en hormigón, se introducirá luego en una fosa aparte y más pequeña.

9

8 Los dos tubos deberán sobresalir un buen trozo hacia el interior del contenedor. El tubo de afluencia se introducirá con una ligera inclinación.

El tubo de rebosamiento saldrá con una ligera caída hacia el empalme con el alcantarillado.

Hay que humedecer bien la abertura del cono y fijar limpiamente los tubos con mortero desde dentro y desde fuera.

9 Finalmente, alisar el mortero y repasarlo con un cepillo húmedo.

Antes del relleno con tierra, se han de tender las correspondientes tuberías de aspiración. Si se utiliza el agua de lluvia en una instalación de agua corriente para el hogar, será necesaria una cañería de aspiración hacia la casa y, en ciertos casos, una conducción para realimentación con agua potable.

Estas cañerías deben tenderse a suficiente profundidad para impedir que se hielen en invierno; según las condiciones climáticas, la tubería irá sepultada, por lo menos, de 80 a 120 cm por debajo del suelo.

Cisternas de anillos para pozos

Si tiene proyectado instalar una cisterna enterrada en un lugar inaccesible para las máquinas, no será posible encastrar en el suelo un contenedor de hormigón sin junturas. Como alternativa, se puede construir el aljibe deseado utilizando anillos sueltos para pozos, que introduciremos en el suelo. Para ello cavaremos primero una fosa en la que sepultaremos un anillo de hormigón del tamaño previsto. Luego continuaremos la excavación en el interior del pozo. En cuanto zapemos en el borde del anillo de hormigón, éste se irá hundiendo lentamente. Al utilizar esta técnica habremos de contentarnos con el espacio estrecho de la cuba, pero, en cambio, estaremos protegidos del desmoronamiento del terreno en las paredes laterales. En cuanto el primer anillo se haya hundido enteramente en el suelo, superpondremos el siguiente. Para anillos de hasta 1 metro de diámetro bastará con la fuerza muscular de un solo ayudante. Para piezas más pesadas, se puede montar sobre la fosa un trípode con vigas o troncos estables en el que se fijará un torno de cable o una cabria, sujeta por una carraca.

①

❶ La tierra excavada del suelo de la cuba se extraerá mediante un cubo. En la ilustración falta poco para terminar la excavación.

❷ Puesto que con la técnica expuesta aquí para abrir el pozo no es posible rellenar con mortero las juntas entre los diversos

MATERIAL

Anillos de hormigón para pozos, mortero, hormigón, pasta de cemento impermeabilizante.

ÚTILES

GRADO DE DIFICULTAD

FUERZA REQUERIDA

DURACIÓN DE TRABAJO

De 20 a 30 horas, según el tamaño y las condiciones del terreno.

AHORRO

El ahorro oscilará entre 240 y 750 €, según el tamaño y las condiciones del terreno.

anillos, ahondaremos un poco las juntas de asiento sirviéndonos de un formón para taparlas limpiamente desde dentro. El suelo de la cisterna se impermeabilizará con una capa de hormigón armado con acero estructural. Quien no desee correr riesgos, aplicará finalmente una capa de cemento estanco o pintará la cisterna desde dentro con pintura impermeabilizante.

②

Índice temático

Procedencia de las ilustraciones

Las siguientes empresas, presentadas por orden alfabético, han puesto a nuestra disposición fotografías y material gráfico e infomativo. Queremos darles las gracias por su amable apoyo, por haber contribuido de ese modo a la composición del presente libro. Si el lector no consigue productos y materiales de dichas empresas en su establecimiento profesional o en su tienda de bricolaje, puede ponerse en contacto con ellas directamente.

G. Beckmann KG
Simoniusstr. 10
88239 Wangen/Allgäu
p. 35 (2), p. 60 (1), p. 67

BWT Wassertechnik
Industriestraße
69198 Schriesheim

Gardena
Hans-Lorenser-Str. 14
89079 Ulm/Donau
p. 16, p. 22 (2)

Gerex Neugebauer GmbH
Postfach 1848
74008 Heilbronn
p. 50 (3)

Otto Graf GmbH
Carl-Zeiss-Str. 2-6
79 331 Teningen
p. 28 (1), p. 34 (1), p. 35, p. 36 (1), p. 37 (4), pp. 43-44 (1-4), p. 45 (1), p. 51 (4)

Grundfos GmbH
Postfach 1261
23807 Wahlstedt
p. 29 (4), p. 46 (2)

Hornbach Kläranlagen GmbH
Postfach 1140
76765 Hagenbach
p. 99 (1)

JUDO Wasseraufbereitung GmbH
Postfach 380
71364 Winnenden
p. 52 (5)

Keramag
Kreuzerkamp 11
40878 Ratingen
p. 13 (4)

Mall Beton
Hüfinger Str. 39-45
78166 Donaueschingen
p. 42, p. 98, pp. 99-103 (2-9)

Menksche Betonsteinwerke
Opladener Str. 160
40768 Monheim/Rhld.

Schwarzkopf Wassertechnik
Riedener Str. 15
94508 Schöllnach

Speck Kolbenpumpenfabrik
Postfach 1240
82523 Geretsried

Wagner & Co
Zimmermannstr. 1
35039 Marburg
p. 9, p. 24 (1), p. 25 (1)

WILO GmbH
Nortkirchenstr. 100
44263 Dortmund
p. 17 (1-3), p. 25 (1), p. 32 (1), p. 33 (2), p. 46 (3), p. 47 (5), pp. 62-63 (4-6)

Los siguientes autores han puesto a nuestra disposición material fotográfico para la presente publicación:

Max Direktor pp. 13-14 (2-3), p. 20 (1-3), pp. 36-37 (2-3), p. 54 (1-2), pp. 55-56 (2-4), pp. 58-59 (1-2), pp. 68-69 (1-4), pp. 70-72 (1-10), pp. 74-75 (1-3)

Peter Himmelhuber p. 18 (2), pp. 76-78 (1-4), p. 79, pp. 80-87 (1-10), pp. 89-96 (1-12), p. 105-107 (1-2).